Bruno Schönlank

Hartley und Priestley

Die Begründer des Assoziationismus in England

Bruno Schönlank

Hartley und Priestley
Die Begründer des Assoziationismus in England

ISBN/EAN: 9783744634496

Hergestellt in Europa, USA, Kanada, Australien, Japan

Cover: Foto ©Andreas Hilbeck / pixelio.de

Weitere Bücher finden Sie auf **www.hansebooks.com**

HARTLEY und PRIESTLEY

DIE

BEGRÜNDER DES ASSOCIATIONISMUS IN ENGLAND.

INAUGURAL-DISSERTATION

VERFASST UND MIT GENEHMIGUNG

DER

PHILOSOPHISCHEN FACULTÄT

DER

VEREINIGTEN FRIEDRICHS-UNIVERSITÄT HALLE-WITTENBERG

SAMMT DEN THESEN

ÖFFENTLICH ZU VERTHEIDIGEN

AM

15. IULI 1882 VORMITTAGS 11 UHR

VON

BRUNO SCHOENLANK

AUS MÜHLHAUSEN IN THÜRINGEN

GEGEN

K. WEISE, CAND. MATH.

W. KRUSCH, CAND. PHIL.

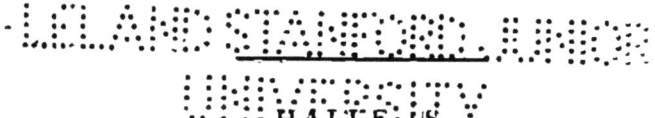
HALLE I/S.

DRUCK VON OTTO HENDEL.

1882.

JULIUS HERMANN VON KIRCHMANN

ZUGEEIGNET.

Hartley und Priestley,

die Begründer des Associationismus in England.

Von jeher hat es die englische Philosophie geliebt ihre eigenen Pfade zu wandeln; besonders nach zwei Richtungen hin ist sie original gewesen, im Gebiete der Ethik und der Psychologie. Dort begründete, entwickelte und verbreitete sie mit hervorragendem Erfolge den Utilitarianismus, bez. in der neuesten Zeit den Evolutionismus, hier schuf sie selbständig neben verwandten continentalen Bestrebungen eine autochthone Associationstheorie.

Der Associationismus hat als Fortbildner und Verteidiger heute eine einflussreiche Gruppe englischer Denker, unter ihnen Herbert Spencer, Bain u. A., die Msr. Ribot in seinem Werk: La psychologie anglaise contemporaine 1875 (2. éd.) ausführlich behandelt hat. Da die Hauptsätze ihrer Lehre zu unbestrittenen Glaubensartikeln sich ihnen umgestaltet haben, da dieselben ferner im Volksbewusstsein eingebürgert sind, so wäre die Aufgabe wol nicht unzeitgemäss, zu den Quellen herabzusteigen und die Lösung der Frage zu versuchen: Wo sind die ersten Anfänge des Associationismus zu suchen, wer hat zuerst die Sätze desselben zu einer wissenschaftlich gegliederten Einheit zusammengefügt?

Die Keime liegen schon offen bei Locke zu Tage: im Essay on human understanding[1] findet sich ein Abschnitt, welcher der association of ideas gewidmet ist. Die Formel ist wol von ihm in die Wissenschaft eingeführt worden.[2] Doch

------

[1] Vgl. Works of John Locke 10 voll, 11. ed. London 1812, tom. II, ch. XXIII. p. 138—146.

[2] Vgl. Hartley's theory of the human mind, on the principle of the association of ideas, with essays relat. to the subject of it by J. Priestley, 2. ed. 1790 London, p. 15.

benutzt er die von ihm gewonnenen Gesichtspunkte blos, um
einen Einblick in gewisse pathologische Vorgänge im Seelen-
leben zu gewähren. Er erklärt durch sie diejenigen Sympa-
thien und Antipathien, die nicht mit uns geboren, sondern erworben sind. Die Associationen sind nach ihm Gebilde der
Willkür, sie lassen sich auf Bewegungszüge (trains of motions)
zurückführen, die einmal in Gang gebracht, dieselben Bahnen
einschlagen und so die Bewegung erleichtern bei einer Wiederholung. Seine einseitige Berücksichtigung des rein Zufälligen,
seine mangelhafte Behandlung der Genese vergesellschafteter
Vorstellungen, die Verkennung der Wirkungen, eine natürliche
Folge seiner Beschränkung auf gewisse gemütliche Functionen
ist ganz offenbar.

Man kann nicht umhin, als den Vater des englischen
Associationismus David Hartley[1] (1704—1757), als
seinen bedeutendsten Schüler und eifrigsten Apostel Joseph
Priestley zu bezeichnen. Es sollen nicht etwa die Verdienste
David Hume's um die Ausbildung dieser Lehre zu gering an-
geschlagen werden: indessen geschichtliche Gründe dürften
hier maassgebend sein.

Man muss nun zugeben, dass zwar Hume's Treatise on
human nature schon 1738, Hartley's erste Schrift: Coniecturae
quaedam de motu, sensus et idearum generatione erst 1746,
sein Hauptwerk: Observations on man, his frame, his duty, and
his expectations 1749 erschien.[2] Aber Hume's Arbeit ist damals
unbeachtet geblieben, erst in der neuen Redaction von 1748
begann sie weitere Kreise zu ergreifen;[3] ferner bildet seine
Skizze einer Associationstheorie nur einen Bestandteil seiner
weiteren Untersuchungen, während Hartley nur diese specifische
Frage, allerdings mit mannigfachen Consequenzen, erörterte
und beantwortete.

Hartley und Priestley haben beide auf den weltgeschicht-

---

[1] Vgl. Tennemann, Geschichte der Philosophie, Leipzig 1819,
Bd. XI p. 496.
[2] Die Vorrede desselben datirt vom December 1748. Vgl. F. A.
Lange, Geschichte des Materialismus, zweite Auflage 1873, Erstes Buch,
4. Abschnitt p. 295 ff.; Ribot, Psychologie anglaise p. 49. Uns liegt
ein Abdruck aus dem Jahre 1834 (6. ed.) vor.
[3] Vgl. Erdmann, Grundriss der Geschichte der Philosophie Bd. II
§ 282 p. 106.; Tennemann a. a. O. XI p. 418.

lichen Entwickelungsgang der Philosophie keinen sehr bedeutenden unmittelbaren Einfluss ausgeübt. Aber die modernen Strömungen, die von England nach dem festländischen Europa herübergeleitet werden, verdanken einen guten Teil ihrer Lebhaftigkeit diesen beiden Männern. Hartley sowol wie Priestley sind von der Association der Vorstellungen ausgegangen, aus den gefundenen Thatsachen heraus erwuchs eine Auffassung, die unter Einem grossen Princip die gesammten psychischen Functionen befasst, die nach allen Seiten hin das Geistesleben durchdringt; der Associationismus ist nicht allein eine psychologische Theorie, er ist auch eine wissenschaftliche Methode.

Gemäss der Eigenart englischer Verhältnisse haben jene Beiden direct bestimmend nur auf den Fortgang der englischen Psychologie eingewirkt, deren Ergebnisse aber in unseren Tagen mehr und mehr auch uns übermittelt werden; es gilt heutzutage zu denselben irgendwie Stellung zu nehmen.

Die mächtigen Umwälzungen auf philosophischem Gebiete, die im achtzehnten Jahrhundert sich vollziehen, bieten das anziehende Bild von Parallelerscheinungen. In Frankreich arbeiten die Sensualisten an einer Reform der Psychologie; der Engländer Hartley versucht dieselbe auf physiologischer Grundlage aufzubauen, und gibt die bedeutsamen Umrisse einer Psychophysik, welche über ein Jahrhundert später jenseits des Canals durch deutsche Forschung eine strengwissenschaftliche Form findet.

Hartley wird durch Priestley ergänzt. Beide sind durchdrungen von der Wahrheit ihres Grundgedankens, beide führen ihn principiell durch. Dass der Erstere noch vorsichtiger auftritt, dass er nicht alle Consequenzen ziehen will und ziehen kann, ist psychologisch nicht schwer zu deuten.

Priestley hat die Theorie bei der Behandlung philosophischer Probleme stets zu Grunde gelegt. Seine Bedeutung als Philosoph liegt in der eifrigen, begeisterten Propaganda für den Lehrer, in seiner polemischen Wirksamkeit, in der einheitlichen Durcharbeitung des Systems. Was den letzten Punkt betrifft, so beschränkt sich unsere Arbeit auf sein Verhältniss zu gewissen Fragen der Moral und auf seine materialistische Weltanschauung; die religionsphilosophische Seite bei Hartley, wie namentlich bei Priestley passt nicht in den Rahmen unseres Versuches.[1] Hartley hat seine Lehre, abgesehen von der Erstlingsschrift: Coniecturae quaedam etc. in dem bereits angeführten Hauptwerk: Observations on man etc. niedergelegt. Der Geist des Jahrhunderts verläugnet sich in demselben nicht; deutlich tritt bei ihm die Neigung zur mathematischen Darstellung hervor. Die Sätze sind in der bekannten Manier „more geometrico" aneinandergefügt. Der innere Zusammenhang soll durch die formgerechte Architektonik von Lehrsätzen, Beweisen, Scholien, Corollarien auch äusserlich gekennzeichnet werden.

Vielleicht hat auch ein individueller Grund ihn dazu bestimmt, gerade diese Darstellungsweise zu bevorzugen, die Genesis seines Werks. Nach seinen eigenen Angaben hat er etwa achtzehn Jahre vor Veröffentlichung desselben, um 1731, erfahren, dass ein Geistlicher, Gay, die Möglichkeit einer Ableitung aller Lust- und Verlustgefühle aus der Association behauptete.[2] Diese seine Ansicht hat Gay ungefähr um dieselbe Zeit in einer Abhandlung: „On the fundamental principle of virtue" niederlegt, welche der Law'schen Uebersetzung von King's: De origine mali vorausgeschickt ist; in derselben ist nur das Capitel der Gefühle behandelt worden. Hierdurch angeregt beschäftigte Hartley sich eingehend mit der Associationslehre. Das Resultat seiner Untersuchungen war eine Reihe von Essays, die alle das Merkmal der Verwandtschaft, aber

---

[1] Uebrigens standen dem Verfasser über dies Gebiet auch nur spärliche litterarische Hilfsmittel zu Gebote. Die Werke Hartley's und vor Allem Priestley's erhielt er nur zum Teil, nach längeren Bemühungen, durch die gütige Vermittelung der Bibliotheksverwaltungen zu Göttingen und Tübingen, denen er an dieser Stelle nochmals seinen Dank ausspricht.

[2] Wenn Lange a. a. O. I. p. 411, Anm. 3 sagt, Hartley sei durch eine mündliche Aeusserung Gay's angeregt worden, so darf dies wol nicht als eine im persönlichen Verkehr zwischen ihnen gefallene aufzufassen sein. Sagt doch Hartley ausdrücklich: (Hartley theory of mind etc. p. II): About eighteen years ago J was informed that. — Gay, then living, asserted etc. etc.

Durch diese Angabe Hartley's scheint nebenbei ein Irrtum bei Msr. Ribot a. a. O. p. 49, der die Publication der „Conjecturae quaedam etc.) in das Jahr 1731 verlegt — sie erschienen 1746 — entstanden zu sein.

auch des allmählichen Entstehens an sich trugen. Darum wol
auch hat er versucht, sie in die strenge geometrische Form zu
fügen. Indessen verwahrt er sich dagegen für einen „System-
macher" gehalten zu werden; er weist darauf hin, dass aus
den Tatsachen heraus sich eine natürliche Zusammenfassung
entwickelt habe.

Drei Hauptgruppen von Betrachtungen dürften sich ergeben bei einer Analyse der Observations: er hat zuvörderst
die Basis durch Feststellung von Tatsachen aus der Nervenphysiologie geschaffen, ferner behandelt er die psychologische
Association, zuletzt wendet er sich mit Zuhülfenahme derselben
zu religionsphilosophischen und ethischen Fragen.

Die Observations sind nun von Priestley im Jahre 1775
in einer besonderen Redaction herausgegeben worden. Er hat
den anatomischen Teil ausgeschieden, blos die Abschnitte
aufgenommen, welche die Associationstheorie und die Willens-
frage behandeln. Zweck dieses Unternehmens war es, [1] den
Ansichten Hartley's, die in der ursprünglichen Form und
wegen der daraus erwachsenden Schwierigkeiten weniger Eingang gefunden hatten, grössere Verbreitung zu verschaffen.
Besonderen Wert erhält die Separatausgabe [2] durch die vor-
ausgeschickten drei Essays, enthaltend eine kurze Uebersicht
der Vibrations- und der Associationstheorie, und eine Darstellung
der complexen und abstracten Vorstellungen.

Im Folgenden soll ein kurzer Abriss der Hartley'schen
Lehre gegeben werden.

Es sei von Anfang an bemerkt, dass es nur ein geschicht-
liches Interesse hätte, genauer auf die physiologischen Partien
einzugehen. Es gilt von ihnen, was Ribot [3] sagt: Elle (la

---

[1] Vgl. Hartley's theory etc. preface von Priestley p. IV.

[2] Tennemann a. a. O. XI. S. 502 Anm. 198 scheint anzunehmen,
dass diese Priestley'sche Hartleyredaction eine selbständige Schrift
Priestley's sei; „die Theorie des Hartley" über den menschlichen Verstand hat Priestley besonders entwickelt in „Hartley's theory etc. etc."
Dies wäre offenbar eine falsche Annahme, da in Wirklichkeit ein Abdruck vorliegt, dem drei Essays, im Ganzen 43 Seiten, von P. zuge-
setzt sind. Vgl. übrigens auch Lange a. a. O. I, p. 409, 2, der Hettner
dasselbe Versehen nachgewiesen hat.
   Zugleich sei bemerkt, dass wir in der Folge diese Redaction als
„H. P." citiren werden, das Originalwerk „Hartl. Obss."

[3] Vgl. Ribot a. a. O. p. 50. Doch ist nicht zu übersehen, dass

physiologie de Hartley) est pleine d'erreurs ou bien dépassée
dans ce qu'elle contient de vrai."

Nichtsdestoweniger ist dadurch, dass Hartley die Vibrations-
theorie als Grundlage für die Nerventätigkeit aufgestellt hat,
ein epochemachendes Ereigniss zu constatiren. Er ist gegen
die Erklärung der Naturphaenomene durch Fluida aller Art,
wie sie noch Boerhave vertrat, aufgetreten und hat einzig und
allein die Hypothese der Schwingungen kleinster Teile gelten
lassen.

Die Empfindungen, lehrt er, werden in das Gehirn in
Gestalt von Schwingungen übergeleitet; die Dinge der Aussenwelt verursachen durch ihren Eindruck auf die Sinne zuerst
in den gereizten Nerven und darauf im Gehirn Vibrationen
der kleinen „infinitesimalen" Markteilchen.[1] Die gesammte
Sphäre von Bewegungen und Empfindungen belebter Organismen
beruht auf der Erzeugung von Moleculararbeit der Nerven,
des Rückenmarks, der Centralteile. Die Unterschiede, deren
die auf das Gehirn wirkenden Schwingungen fähig sind, entsprechen den Differenzen, die wir in unseren Empfindungen
und einfachen Vorstellungen beobachten. Es werden vier[2]
solcher Differenzen aufgestellt:

1) Differenzen im Grade der Schwingung, Intensität;
2) do.   in der Art der Schwingung, Qualität;
3) do.   in der Stelle der Reizung;
4) do.   in der Leitungsbahn.

Die Empfindungen hinterlassen nach einer öfteren Wiederholung bestimmte Spuren (Typen, Bilder) von sich, die Hartley
simple ideas of sensation,[3] einfache Empfindungsvorstellungen
nennt.

Wirken auf das Gehirn dieselben Reizungsvorgänge wiederholt, so entsteht — nach dem Gesetz der Uebung — eine Disposition zur Erneuerung bestimmter Erregungen: die Wieder-

(Noack, philosophie-geschichtliches Lexikon p. 334) die Lehre von der
Wellenbewegung von hier seinen Ausgang gefunden, die jetzt z. B. in
Dubois-Reymond einen Vertreter hat.
[1] Vgl. Hartley. Obss. Part. I, Cap. I Sect. 1 prop. IV pag. 8.
[2] Priestley in H. P. theory etc. Essay. I. p. XVII ergänzt Hartley, indem er als fünfte Differenz die der Structur der zu den verschiedenen Sinnesorganen gehörenden Nerven anführt.
[3] Hartley Obss., a. a. O. Sect. II prop. VIII.

erzeugung vollzieht sich in Form von schwächeren Schwingungen — „vibriatuncles."[1]

Die Schwingungserscheinungen entsprechen der Differenz zwischen angenehmen und unangenehmen Empfindungen, weil sie nur gradweise differiren und unmerklich ineinander übergehen. Die Grenze von Lust und Schmerz ist die Lösung der Continuität in den Nerven- und Hirnelementen, verursacht durch die lebhaften Vibrationen, welche die Schmerzempfindung begleiten.[1]

Wenn die Schwingungen A, B, C genügend oft mit einander vergesellschaftet waren, so verknüpfen sie sich so eng mit den „Vibriatuncles" a, b, c, dass wenn eine Schwingung A allein erzeugt wird, sie im Stande ist b, c hervorzurufen.[2]

Hartley's Grundgedanke ist demnach:[3]

1) Einer Schwingung entspricht eine Empfindung.

2) Einer „Vibriatuncle" entspricht eine einfache Vorstellung.

3) Die psychologische Association wird von einer entsprechenden physiologischen Association der centralen Innervationsvorgänge begleitet.[4]

Die moderne Nervenphysiologie ist die beste Kritik des hier Gegebenen: nur auf Eines[5] sei hingewiesen, dass Hartley die Bedeutung der grauen Substanz ganz übersehen und die Hauptfunctionen der weissen Substanz zugewiesen hat.

Der psychologische Teil der Hartley'schen Arbeit soll uns nun ausführlicher beschäftigen; die Analyse wird auf Grund der Priestleyredaction gegeben.

Die Empfindungen, sagt Hartley, sind diejenigen inneren Zustände (internal feelings of mind), die durch äussere Eindrücke entstehen. Die Vorstellungen, welche Empfindungen ensprechen, sind Anschauungsvorstellungen (ideas of sensation), die andern sind abstracte. Die Lust- und Unlustempfindungen sind unter den Empfindungen und Vorstellungen gruppiert: alle seelischen Phaenomene scheinen von einem Lust- oder Unlustgefühl begleitet zu sein. (Introduct. 1-V.)

[1] Hartley Obss. P. 1 Sect. I prop. 6 p. 23.
[2] Hartley Obss. p. 43.
[3] Vgl. Ribot a. a. O. p. 53.
[4] Vgl. Wundt. Logik, Bd. 1: Erkenntnisslehre, 1880, p. 22.
[5] Vgl. Ribot a. a. O. p. 51.

Hartley's Aufgabe gliedert sich in fünf Hauptteile:

1) Feststellung der Grundgesetze der Empfindungen, der Bewegungsbildung, der Entstehung der Vorstellungen; Cap. I p. 5—42.
2) Zurückführung der Sinnesempfindungen und Bewegungen auf die Gesetze der Association; Cap. II p. 43—101.
3) Die Phaenomene des Vorstellens unter demselben Gesichtspunkt; Cap. III p. 102—249.
4) Analyse der Lustgefühle; Cap. IV p. 250—333.
5) Die Lehre von der Motivation des Willens; Cap. V p. 334—367.

Uns beschäftigt zunächst der erste Teil des Cap. I p. 7—28. Hartley geht von dem Sinnengedächtniss aus, d. h. von der Thatsache, dass bei Sinneseindrücken auch nach Schwinden des äusseren Reizes eine Zeit lang noch Nachbilder, Nachempfindungen fortbestehen.[1]

Er wirft sich die Frage auf: Wie entstehen überhaupt Anschauungsvorstellungen?

Die Empfindungen bestehen aus gleichzeitigen und aus successiven Elementen; es können deshalb auch die ihnen entsprechenden Vorstellungen nicht ganz einfache Gebilde sein. Wiederholen sich Sensationen öfters, so hinterlassen sie gewisse Spuren, Ideen, die bei correspondirenden Sinneseindrücken wiederkehren: je lebhafter die Empfindung, desto kräftiger die Vorstellung.[2]

Diese Correspondenz ist nicht bloss gültig für einzelne, isolirte Empfindungen; es verknüpfen sich Empfindungen miteinander, wenn die äusseren Reize simultan sind, oder wenn sie zu einer bestimmten Zeitreihe eingeordnet in Action treten. Wenn die Empfindungen A, B, C, denen die Vorstellungen a, b, c, entsprechen, genügend oft mit einander verbunden gewesen sind, so vermag eine Empfindung z. B. A allein auftretend die Vorstellungen b, c hervorzurufen. Dies ist die einfachste Formulierung des Associationsgesetzes.

Die Reproduction der Vorstellungen bei der successiven

---

[1] Vgl. H. P. theory etc. p. 9: Wundt, phys. Psychologie, 2. Aufl. I, p. 434f., Fechner Psychophysik II p. 468.
[2] H. P. p. 12 ff.

Association erfolgt in der Reihenfolge der associativen Elemente. Die Associationsfähigkeit nimmt ab im gleichen Verhältnis mit dem Wachsen der Zahl synchronischer oder successiver Reize,[1] eine Folge der Enge des Bewusstseins, das nur bis zu einer gewissen Höhe die gebotenen Stoffe verarbeiten kann.

Nachdem Hartley als die eine Ursache der Reproduction die physiologische Reizung constatirt hat, giebt er die fünf verschiedenen Fälle der Association von Anschauungsvorstellungen:[2]

1) Wenn die Empfindung A oft mit B oder C oder D verknüpft ist, so wird A allein die Vorstellungen b, c, d zusammen hervorrufen.

2) Wenn A, B, C, D unter oftmaliger Combination, associirt gewesen sind, so wird A b, c, d; B a, c, d erzeugen, u. s. f.

3) Sind A, B, C, D successive Reize, so wird A b, c, d; B c, d wecken.

4) Verbände verschiedenartiger Reize (compound impressions[3]) A + B + C + D hinterlassen complexe Vorstellungen, d. h. Gruppirungen verschiedenartiger Einzelvorstellungen a + b + c + d.

5) Wenn a, b, c, d (nach den in 1—4 angegebenen Ordnungen) oft associirt gewesen sind, so wird a im Stande sein, b, c, d hervorzurufen. Dies bildet den Uebergang zu dem Satze, dass die einfachen Vorstellungen zu complexen, dass psychische Elementargebilde zu complicirten Phänomenen verschmelzen.[4]

Die durch eine solche Summation entstandenen complexen Vorstellungsgrössen werden öfters so umgebildet, dass die einzelnen Bestandteile nicht mehr erkennbar sind, bez. das Product neue, bisher noch nicht vorhandene Qualitäten aufweist, eine Art der Synthese. Das gewaltige Gebiet der zusammengesetzten Vorstellungen wird sich in Einzelvorstellungen

---

[1] H. P. p. 16.
[2] Die Uncialen A, B u. s. w. = Empfindungen; a, b = Vorstellungen.
[3] H. P. p. 18.
[4] H. P. p. 19. Es ist übrigens festzustellen, dass der Ausdruck: „Verschmelzung der Vorstellungen", der nach Wundt (Psychologie 1. Aufl. p. 668 Anm. 1) erst von Herbart in die Psychologie eingeführt wäre, schon bei Hartley vorkommt: „coalescence of ideas."

auflösen lassen. [1] Die Lust- und Unlustgefühle höherer Art
sind nach Hartley bis zu einer gewissen |Empfindungshöhe
gesteigerte complexe Vorstellungen, die aus der erhöhten
Reizbarkeit der nervösen Centralteile u. s. w. entspringen. ·
Indessen dürfte diese Lehre vom Gefühl, die im wesent-
lichen auf Locke'schen Sätzen ruht, gegen den Einwand nur
schwer zu verteidigen sein, der überhaupt gegen die erkennt-
nisstheoretische Auffassung geltend gemacht wird. Das Gefühl
der Lust ist früher vorhanden, als der Begriff des objectiv
Lusterzeugenden; und gerade wie Wundt [2] hervorhebt, „sucht
diese Richtung zuerst die objective Ursache der Gefühle, um
dieselbe dann in das ursprüngliche Wesen des Gefühls hinein-
zulegen."

Hartley huldigt ferner der Auffassung, dass die Lustgefühle
in ihren zahlreichen Combinationen die Summe der Unlustgefühle um ein ganz bedeutendes Plus überwiegen, dass in der
fortschreitenden Entwickelung des Menschengeschlechts dem
Individuum die höchste Glückseligkeit gewiss ist. [3] Doch hat
er vermieden, diese These wirklich zu beweisen; es ist überflüssig, die mannigfachen Einwürfe des Pessimismus aufzuzählen.
Glücklicherweise ist es nicht unsere Aufgabe, uns mit dieser
brennenden Frage zu beschäftigen.

Der zweite Teil von Cap. 1 p. 22—31 behandelt die
Bewegungen.

Hartley unterscheidet automatische (Reflex-) und Willkürbewegungen; jene sind von Empfindungen, diese von Vorstellungen abhängig. Deshalb müssen sie sich auf gleiche Weise,
wie dieselben (die Empfindungen), auf associativem Wege
bilden. Die Bewegungen, die unmittelbare Wirkungen eines
Willensactes sind, sind „in the highest sense of this word" [4]
willkürlich. Je mehr Mittelglieder sich einschieben, um so
geringer wird die Willkürlichkeit, sind also andere Vorstellungen,
Empfindungen, Bewegungen zur Ausführung einer Bewegung
notwendig, so wird dieselbe unvollkommen willkürlich.

Es wird eine allmählige Abstufung dieser Erscheinungen
angenommen. Da ein Uebergang vorausgesetzt wird, so wird

[1] H. P. p. 24.
[2] Wundt Psychologie I, 496.
[3] H. P. p. 27.
[4] H. P. p. 30.

die schroffe Gegenüberstellung von inneren psychologischen Erregungen und physiologischem Mechanismus vermieden; sind ja die von jenen bestimmten Bewegungen an diesen in gewissem Grade gebunden.[1] Die Willkürbewegungen nun haben die Eigentümlichkeit durch Uebung und Gewohnheit zu Reflextätigkeiten zu werden; Hartley nennt dieselben dann secundär-automatische im Gegensatz zu den ursprünglichen Reflexerscheinungen, dem Athmen, der Herz- und Gefässinnervation u. s. w. Die Eindrücke, die ein Kind bei seinen ersten Bewegungen empfängt, associiren sich und wirken zur Wiederholung derselben Thätigkeit hin. Bei dem Kind z. B., das seine ersten Gehversuche macht, ist eine allmähliche Entwickelung der Willenstätigkeit zu beobachten. Es versucht zu gehen, vielleicht um ein naheliegendes Spielzeug ergreifen zu können; die Wärterin ruft es, und es bemüht sich zu ihr zu gelangen. Es haben sich gewisse Vorstellungen: Spielzeug, vertraute Person u. s. w. miteinander associirt, und so wird, durch die darauf gerichtete Aufmerksamkeit, eine Regung der Willensfunction ausgelöst. Auch das Gehen Erwachsener beruht auf verwandten Erscheinungen: die Ausführung der Tätigkeit entspringt aus einer Association, dem Bewusstwerden der Gesichts- oder Gehörsvorstellung: Gehen.[2] Wiederholen sich also oft gewisse Eindrücke auf unsere Sinnesorgane, so ergibt sich ein Bewusstseinszustand, dem motorische Veränderungen zu folgen pflegen, so bildet sich eine Tendenz auf dasselbe Folgeverhältniss aus. Durch beständige Wiederholung aber werden die meisten derartigen Thätigkeiten mehr oder weniger automatisch.[3]

Die Begründung dieser Erscheinungen ist bei Hartley öfters eine schwerfällige, lückenhafte. Doch trifft die Schuld nicht ihn als Denker. Hätte er in unseren Tagen geschrieben, so würde er wol die Resultate der Descendenztheorie, insbesondere das hier in Betracht kommende Gesetz der Vererbung für sich in Anspruch genommen haben. Es ist allerdings dasselbe eine notwendige Ergänzung, da es in der Reihe der

---

[1] Wundt. Psych. II, p. 401 ff.
[2] Die letzten Bemerkungen sind zwar Cap. II prop. XXIX p. 90 ff. entnommen, gehören indess sachlich hierher.
[3] Vgl. Herbert Spencer, Die Principien der Psychologie, übersetzt von B. Vetter 1882, Bd. 1, Theil IV, Cap. VII § 204.

12

vorhergegangenen Organismen die Veränderungen nachweist,
die in dem einzelnen zuletzt stehenden Organismus als eine
gegebene Tatsache sich finden.

Hartley bespricht [1] seine Auffassung der tierischen Bewegung
in ihrem Verhältniss zu den Ansichten von Descartes und
Leibnitz. „My general plan, sagt er, bears a near relation to
theirs." Indessen könnte man wol, was den Letzteren betrifft,
einwenden, dass in dessen Monadensystem allerdings die
Schwierigkeit gehoben ist, die Einwirkung eines Immateriellen
auf ein Stoffliches zu erklären, dass aber der dazu einge-
schlagene Weg ein idealistischer ist, ebenso wie die gleichfalls
von Hartley angezogene Hypothese des Malebranche ein über-
natürliches, göttliches Moment eingreifen lässt, während Hartley
offenbar auf realistischem Grund und Boden steht, das
Geistesleben auf die Wirkungen der Aussenwelt gründet, entgegen dem Leibnitzischen: „Die Monaden haben keine Fenster,"
und, mindestens implicite, die Erkenntniss materialisirt hat,
ein Factum, dass sein Schüler Jos. Priestley offen aner-
kennt.

Zum Schluss spricht Hartley über die Bewegungen als
Vehikel der Lust und Unlust. Da die Bewegungen, die eine
angenehme Empfindung zu erzeugen, eine unangenehme abzu-
wehren bestimmt sind, häufiger sind als die, welche Schmerz
verursachen, so bilden sich leichter Bewegungsgruppen der
ersteren Art. [1]

Die Wirksamkeit der Erwerbung ist hier allerdings in
Betracht zu ziehen; indessen kann man doch wol, was Hartley
nicht erkennt, das in Kindern erzeugte Vermögen des Strebens
nach Lust „power of obtaining the pleasure" nur als die Entwickelung von im Organismus vorgebildeten Functionen be.
trachten: die beiden Factoren Lust und Unlust müssen bereits
vorhanden sein, wenn auch nur im Keim, ehe ein irgendwie
beschaffenes Tendiren zu ihnen angenommen werden kann.
(Vgl. S. 10.)

Die Hauptergebnisse von Cap. I sind folgende:
1) Die äusseren Sinnesreize hinterlassen Nachempfindungen.
2) Oft wiederholte Empfindungen hinterlassen Spuren, die
Anschauungsvorstellungen.

[1] II. P. p. 40 ff.

3) Ein einzelnes Element einer regelmässig verknüpften
Empfindungsgruppe weckt die derselben entsprechenden
Vorstellungen.

4) Einzelvorstellungen associiren sich zu complexen Vorstellungen.

5) Die Association ist entweder simultan, oder successiv.

6) Die Bewegungen sind das Ergebniss von Associationen,
die Bewegungsarten gehen in einander über.

7) Das Streben nach Lust ist das Resultat vergesellschafteter
Bewegungen.

Im Capitel II versucht Hartley die Bedeutung seiner
Theorie für die einzelnen Sinnesgebiete und ihre Erscheinungen
im Einzelnen nachzuweisen. Die Localisation der Tastempfindungen beschäftigt ihn zuvörderst. Er will die Frage beantworten, wie wir im Stande
sind, die unsere Hautoberfläche treffenden Reize auf einen bestimmten Bezirk derselben als afficirten zu beziehen. Es entstehen, sagt Hartley, wenn wir mit unserer Hand verschiedene
Körperstellen berühren, Schwingungen; führen wir die Hand
allmählich über die Hautfläche, so werden in der letzteren an
verschiedenen Punkten verschiedenartige Schwingungen hervorgerufen werden infolge der Reizung verschiedener Nerven. So
gelangt man dazu, die jedesmal betastete Stelle zu erkennen.[1]
Sind wir im Besitz dieser Fähigkeit, so werden wir auch, wenn
die Berührung nicht von uns selbst, sondern von fremden
äusseren Reizen ausgeht, die bestimmte Hautprovinz festzustellen im Stande sein.

Hartley hat mit Recht wol die überwiegende Bedeutung
der Tastempfindungen für die Bestimmung der räumlichen
Lage unserer Körperteile hervorgehoben; seine Auffassung
wird bestätigt und ergänzt durch die neueren Untersuchungen,
welche in der Theorie der Localzeichen gipfeln.[2]
Die von ihm entwickelten Gedanken sind Consequenzen
der von Locke angebahnten empiristischen Erklärung der Tastvorstellungen: indessen darf die Erfahrung nur als ein Moment
in Betracht kommen, da offenbar in der Organisation bestimmte

[1] H. P. p. 43.
[2] Wundt, Psychol. II, 4 ff.

Einrichtungen präformirt sein müssen, welche die Bildung der
Tastvorstellungen bedingen.

Die Vorstellungen, fährt Hartley fort, denen Empfindungen
dieser Art zu Grunde liegen, sind bei ihrer Reproduction mit,
wenn auch etwas abgeblassten correspondirenden Empfindungen
verknüpft; „hart, weich" u. s. w. scheinen mit ganz schwachen
Nachbildern in's Bewusstsein zu treten.

Die Ausführungen über den Geschmack lassen sich kurz
so zusammenfassen:

Die Geschmacksempfindungen unterliegen im Lebensfort-
gang eines Individuums gewissen Veränderungen, insofern auf
verschiedenen Stufen der Entwickelung auf zahlreiche Sinnesreize verschieden reagirt wird; es ist selbstverständlich eine
Maximalgrenze dieser Empfindungsunterschiede vorhanden.
Die Disposition des Organs auf diesen Reiz in dieser Weise
zu wirken, unterliegt durch häufige Wiederkehr desselben
mancherlei Umbildungen. Zwei qualitativ verschiedene Reize
werden, nach den allgemeinen Associationsgesetzen, wenn
öfters verknüpft, der eine den anderen reproduciren können;
wenn ein widerlicher Eindruck[1] häufig mit einem angenehmen
combinirt war, so wird er selbst zuletzt zu einem angenehmen.
Eine anfangs seltsam klingende Behauptung, die aber nicht
unbegründet ist.[2]

Am wichtigsten ist der Abschnitt über das Sehen.

Hartley geht von den pseudoskopischen Erscheinungen aus.
Das Kind misst ihm unbekannte Grössen und Entfernungen
falsch; die Abschätzung von Distanzen wird fehlerhaft, bei
einer ungewohnten Stellung des Sehenden u. s. w.

„Das hauptsächlichste Kriterium für die Beurteilung der
Entfernung ist die Grösse des von einem bekannten Objecte
erzeugten Netzhautbildes.[3]

Fünf associirte Momente üben einen gewissen Einfluss auf
die Beurteilung der Distanzverhältnisse a) die Anzahl der da-
zwischenstehenden Gegenstände, b) der Genauigkeitsgrad, mit
dem die einzelnen Teile gesehen werden, c) der Helligkeits-
grad, d) die Neigung der Sehaxen, e) die Accomodation des

---
[1] II. P. p. 55.
[2] Herbert Spencer a. a. O. Teil V, Cap. VII § 251.
[3] II. P. p. 63.

15

Auges. Das Doppeltsehen hat sein Analogon in der Tatsache, dass, wenn wir Mittel- und Zeigefinger kreuzweise übereinander legen und mit den einander zugewendeten Flächen ein Kügelchen berühren, wir zwei Kügelchen zu fühlen glauben. Der Grund ist in beiden Fällen ein ungewohntes Lageverhältniss.[1]

Das Einfachsehen erklärt sich aus der Gleichheit der Bilder, der Regelmässigkeit ihres Auftretens auf den entsprechenden Teilen beider Netzhäute: beide Bilder verschmelzen im Gehirn zu Einem. Die Gesichtsvorstellungen sind die lebendigsten und schärfsten; sie beherrschen die Sphäre der Raumgebilde. Ihre Energie entspringt aus der stäten Wiederkehr sichtbarer, sei es identischer, sei es ähnlicher Objecte, aus der eigentümlichen Einprägung der Reize gemäss der Structur des Auges, und ihrem Auftreffen auf dieselben Puncte der Retina. Eine Begleiterscheinung der Vorstellung eines bekannten Gegenstandes ist die Vorstellung einer gewissen Grösse, Lage u. s. w., überhaupt ein Aggregat verwandter Elemente.

Die Gesichtsvorstellungen unterliegen der Herrschaft des Willens im hohem Grade und können durch ein schwaches associatives Element hervorgerufen werden.[2] Eine Vorstellung ist dann willkürlich erzeugt, wenn sie vorher durch eines ihrer Associate[3] bestimmt ist. Will ich z. B., sagt Hartley, ein individuum vagum hervorrufen, und ich habe die Vorstellung eines Pferdes, so ist dies kein Ergebniss eines Willenactes, sondern einer Verknüpfung der Vorstellung: „Pferd" mit irgend einer Vorstellung oder Empfindung, die gerade im Bewusstsein ist. Wenn ich aber die Gesichtszüge Jemandes, den ich früher gesehen, mir wieder in Erinnerung bringen will, so mache ich Gebrauch von seinem Namen, Anzug, dem Ort, an dem ich ihn sah, und dies „may be called a voluntary introduction of an idea."

Die Unterscheidung, die Hartley hier macht, ist m. E. nicht zulässig.[4] In beiden Fällen liegt der bewusst gewollte

[1] H. P. p. 67.
[2] H. P. p. 72/3.
[3] Der Kürze halber gebrauchen wir Associat = associatives Element.
[4] Teilweise gesteht Hartley dies selbst zu; vgl. H. P. p. 73.

Zweck vor, eine Vorstellung zu reproduciren; hier wie da ist
der Eintritt derselben durch ein Associat determinirt, nur dass
das erste Mal ein grösserer Spielraum freigelassen ist, da eben
einem Schema von unbestimmtem Inhalt ein positiver Inhalt
verliehen werden soll; es erhält ihn durch irgend eine gerade
praesente Vorstellung bez. Empfindung, die aber ebenso stark
auf das Hervortreten des betr. Bildes wirkt, wie im zweiten
Fall die ganz genau limitirten Elemente einer bekannten zu
reproducirenden Vorstellung. Der Prozess ist für beide Fälle
durchaus derselbe: übrigens ist es bei Hartley nur ein Spiel
mit den Begriffen: willkürlich, nicht — willkürlich, da er nur ein
determinirtes Wollen kennt.

Die Phantasmen (Träume — Sinnesdelirien: Illusionen,
Hallucinationen) führt Hartley in ihrer Bildung wol mit Recht
auf Associationen zurück. Ihre Ursache liegt in der gesteigerten
Reizbarkeit der centralen Sinnesflächen; die Reize sind teils
physiologische, teils psychische und wirken wol in der Regel
combinirt.[1]

Eine Kritik dieser Erörterungen[2] zu geben, hiesse einen
Abriss der modernen physiologischen Optik liefern.

In ähnlicher Weise hat Hartley die anderen Sinne behandelt; es würde ein näheres Eingehen jedoch die Gränzen der
Arbeit überschreiten.

Das Gesammtergebnis des Cap. II ist: Sämmtliche Sinnes-
wahrnehmungen beruhen auf associativen Prozessen.

Das Capitel III behandelt die complicirteren psychischen
Phänomene: Verstand, Affecte, Gedächtniss, Phantasie.

Seine ersten Ausführungen sind dem Nachweis der Association zwischen Wort und Vorstellung gewidmet. Hartley
beginnt mit der Vorstellungsbildung im ersten Kindesalter und
verfolgt den weiteren Fortschritt.

Seine Entwickelungen sind musterhaft klar: zuerst verknüpfen sich die Zeichen für die Gesichtsvorstellungen mit den

---

[1] Inhaltlich gehört hierher die Stelle im Scholium zu prop.
XXXVII, p. 155 ff., in der Hartley treffend die Wichtigkeit der Asso-
ciation für den Gefühlston der Empfindung hervorhebt, wie z. B. das
Entstehen heiterer Bilder beim Anblick lichter Farben. Vgl. auch
Wundt Psych. I, 475 ff.

[2] II. P. p. 104 ff.

entsprechenden Empfindungen. Das Wort: „Amme" z. B. wird
dem Kinde allmählich durch Vorsprechen eingeprägt, wenn es
dieselbe betrachtet. Der Laut associirt sich mit dem Gesichts-
bild der Persönlichkeit; wächst die Macht des Kindes über seine
Körperbewegungen, so wird es beim Hören des entsprechenden
Wortes seine Aufmerksamkeit auf das Object richten. Diese
Association erleidet verschiedene Veränderungen, wenn und
sobald sich solche an dem Object vollziehen. Wecken die
sichtbaren Objecte auch andere Sinnesempfindungen, so bilden
auch hier sich correspondirende Associationen von Erscheinung
und Wort.

Vier Wortklassen statuirt nun Hartley,[1] Worte, die

1) blos Vorstellungen;[2]
2) Vorstellungen und Definitionen;
3) nur Definitionen;
4) weder Vorstellungen, noch Definitionen entsprechen.

Unter 1) fallen die Bezeichnungen für die einfachen Em-
pfindungsqualitäten, weiss, süss u. s. f. Zu 2) gehören das Reich
der Natur in seinen tausendfachen Erscheinungen, und die
geometrischen Figuren. Zu 3) die algebraischen Grössen. Zu
4) die Partikeln.

Hartley sucht durch eine Parallele mit der Mathematik
diese Darstellung zu illustriren. Danach entspricht die erste
Classe den rein geometrischen Sätzen, die Classe II dem syn-
thetisch und analytisch behandelten Teil der Geometrie, Classe III
der höheren Mathematik, welche die Anwendung von Zahlen-
grössen fordert, Classe IV den algebraischen Symbolen für
Addition u. s. w. Er geht soweit die Worte den algebraischen
Zeichen zu vergleichen, die Sprache eine Art Algebra, die
Algebra eine Sprache zur Erklärung der Quantitäten zu
nennen.

Er übersieht, dass die Sprachelemente als solche, d. h. als
Ausdruck der seelischen Prozesse von ganz heterogener Art
sind, dass die Sprache anderen, organischen, Entwicklungs-
gesetzen unterliegt, als die mathematischen Operationen, dass
die sprachlichen Gebilde ein Lebendiges, Organisirtes sind, die

---

[1] H. P. p. 111 ff.
[2] Es sind natürlich Einzelvorstellungen gemeint.

nicht functioniren können, wie etwa die Formeln der Infinite-
simalrechnung. Im weiteren Verlauf des Capitels untersucht er ferner das
Wesen der tropischen Ausdrücke und der Analogie.

Eine Figur[1], im rhetorischen Sinn, ist ein Wort, das zuerst
ein Ausdruck für das Object oder die Vorstellung A, dann
auch B auf Grund der Beziehungen zwischen A und B reprä-
sentirt. Das bestimmende Grundverhältniss ist das der Aehnlichkeit, sei es bez. der Gestalt, oder der Anwendung; andere
Relationen, die hier in Betracht kommen, sind die der Ursäch-
lichkeit, des Gegensatzes, der Allgemeinheit, Particularität;
ferner schafft die Sprache durch Gleichklänge neue Figuren.

Die Analogie, im weiteren Sinne, ist die Aehnlichkeit bez.
Identität der Teile, Eigentümlichkeiten, sei es einer, sei es aller,
von A und B; es wird unsere Kenntniss von A, und der sprach-
liche Ausdruck desselben auf das Ganze oder auf Teile von B
angewendet. Je mehr wir das Gebiet der Aussenwelt kennen
lernen, desto mehr allgemeine und particuläre Analogien werden
gefunden.[1]

Interessant sind Hartley's Ausführungen[2] über die Urteile
und das Glauben.

Wenn sich Zusammenhänge psychischer Zustände zu einer
bestimmten Vorstellungsgruppe verbinden, so entsteht ein Urteil,
eine complexe Grösse, die der Ausdruck einer Aussage über
Gegenstände der Erfahrung ist.[3] Er gibt darauf eine Begriffsbestimmung über das Fürwahrhalten, — (Hartley scheidet ausser-
dem in einen rational assent resp. dissent und practical assent
etc.) die auf eine Tautologie hinausläuft; „assent" ist ihm die
Bereitwilligkeit etwas als wahr zu behaupten („readiness to
affirm it to be true").[4]

Wie, fragt Hartley, ergibt sich für uns die psychologische
Nötigung, ein Urteil für wahr zu halten? $2 \times 2 = 4$ gilt des-

[1] II. P. p. 125.
[2] Prop. XXXV—XXVII haben einen blos geschichtlichen Wert
für die Kenntniss der barocken Behandlung sprachwissenschaftlicher
Probleme (Noah ein Chinese! p. 134 ff.); indess findet sich auch bei
ihm, wie bei Leibnitz, das Streben nach einer Universalsprache; vgl.
hiezu p. 149 ff.
[3] II. P. p. 158.
[4] II. P. p. 158.

halb für wahr, weil für uns eine vollständige Coincidenz der
Gesichts- oder Tastvorstellung zwei mal zwei mit vier, wie sie
durch verschiedene Objecte erzeugt wird, vorliegt. Man könnte
nun einwenden, dass bei Operationen mit complicirten Zahlen-
gebilden eine Anschauungsvorstellung nicht möglich ist, z. B.
15×15 = 225. Trotzdem, sagt Hartley, bleibt der Process der
nämliche; es liegen nur die Summirungen einfacher Tätigkeiten
vor, Symbole, deren Genesis mehr oder minder dem Bewusstsein vorschwebt, sodass sich die urteilsbildenden Begriffe auch
in diesem Falle decken. Die Coincidenz der Vorstellungen ist die Grundlage des Fürwahrhaltens (rational
assent) in einfachen Fällen; die Coincidenz von Vorstellungen und Symbolen in complexen.[1]

Psychische Zustände dieser Art, die oft wiederholt werden,
verschmelzen zu einem unauflöslichen Zusammenhang: je
häufiger eine Tatsache erfahren wird, um so fester associirt
sich mit ihr der „assent;" hinzutritt das Moment der Auctorität,
um das seelische Gefüge noch fester zusammenzukitten.

Der „practical assent", die Anwendung der gewonnenen
Wahrheit in Beziehung auf Handlungen wird durch die Wiederkehr associativ arbeitender Vorstellungen des Nutzens, der
Wichtigkeit u. s. w. bestimmt. Die Stärke desselben ist proportional der Lebhaftigkeit dieser Vorstellungen.[2]

Der Schritt zu einer Verallgemeinerung des letzten Satzes
ist leicht: wir finden die generalisirte Formel bei H. Spencer[3]
als Erklärungsprincip: „Der Connex psychischer Zustände ist
proportional der Häufigkeit, mit welcher die Beziehung zwischen
den ihnen entsprechenden äusseren Erscheinungen sich in der
Erfahrung wiederholt hat." Eine Annäherung liegt allerdings
schon bei Hartley vor; er nimmt eine Steigerung des theore-
tischen Fürwahrhaltens durch eine Reflexthätigkeit der in
„practical assert" wirkenden Vorstellungen an.

Die Urteile, die den Fortgang vom Besondern zum Allgemeinen vermitteln, gründen sich auf eine Zusammenfassung
von Specialfällen, in denen die Coincidenz ersichtlich ist, zu
einer Generalisation. Schritt für Schritt lässt sich dabei die

---

[1] H. P. p. 161.
[2] H. P. p. 163.
[3] H. Spencer a. a. O. P. IV C. VII § 205.

2 *

Wirksamkeit der Association nachweisen. Das einfachste Urteil bietet die mannigfachsten Bezüge und Verknüpfungen, die deutlicher oder unklarer, stärker oder schwächer die Bewusstseinschwelle überschreiten, wenn das Urteil geformt wird; Vorstellungen des Nutzens, Gefühle der Achtung, Hoffnung verweben sich auf das Innigste mit dem Neugebilde und werden zur Handhabe bei dem Prozess der Verallgemeinerung.

Schon im Eingang unserer Arbeit ist auf die Tendenz Hartley's, wissenschaftliche Data in mathematische Form zu giessen, hingewiesen worden. Bedeutsam tritt uns dies sein Bestreben in seinen Erörterungen über die Wahrheit der Urteile entgegen; er versucht eine Application von Methoden der Grössenmessung auf die Urteilsbildung. Lässt man das Nebensächliche bei Seite, so handelt es sich bei ihm hauptsächlich um eine Reform der Logik.[1]

Die Gesammtheit seiner diesbezüglichen Untersuchungen ist an und für sich wertvoll; zugleich aber bietet sie die Mittel, um eine historische Thatsache festzustellen, die bisher wol unbeachtet geblieben ist, die Sicherung eines Prioritätsrechtes für Hartley.

Es besteht eine einflussreiche neue Schule von Logikern in England, deren Hauptvertreter z. Z. Mr. Stanley Jevons ist. Sie hat sich im Gegensatz zu der älteren Richtung, wie sie von J. Stuart Mill und auch noch von Herbert Spencer verfochten wird, gestellt und eine durchaus andere Auffassung logischer Fragen, den Logikcalcul angebahnt. Sie hat bereits in Msr. Louis Liard[2] einen Geschichtsschreiber gefunden. Nach diesem sind die ersten Anfänge der Richtung[3] in einer Schrift von Georg Bentham: Outlines of a new system of logic 1827 zu suchen. Die ältesten Mitglieder der Schule selbst, Hamilton und de Morgan haben in heftiger litterarischer Fehde über die Priorität ihrer Entdeckungen gelegen.

Und was nun, wenn der Nachweis geführt werden könnte, dass die Grundtendenzen des neuen Systems schon klar und deutlich beinahe ein Säculum früher[4] ausgesprochen sind, dass

[1] H. P. p. 169 ff.
[2] L. Liard: Les logiciens anglais contemporains, Paris 1878, besonders von p. 37 an.
[3] Vgl. Liard a. a. O. p. 38.
[4] Auch Leibnitz hat ähnliche Gedanken entwickelt; vgl. Wundt,

nicht G. Bentham, sondern D. Hartley der Vater der neuen Lehre ist! Nicht als ob ein bewusster Zusammenhang zwischen ihm und den zeitgenössischen Logikern behauptet werden sollte; aber objectiv, und solche Facten muss die Geschichte der Philosophie betonen, ist bei Hartley das System, freilich nur embryonal, zu finden.

Eine Darstellung der Hartley'schen Ansicht mag entscheiden:

Die Regeln der Wahrscheinlichkeitsrechnung bieten eine willkommene Hülfe zur Begrenzung und Sicherung der Wahrheit von Urteilen. Wenn die für ein Urteil beigebrachten begründenden Tatsachen (evidences) von einander abhängig sind, so dass die erste der zweiten u. s. w. bedarf, eine einzige falsche also alle übrigen entwertet, so gehört für jede einzelne eine bedeutende Wahrscheinlichkeit dazu, um die Richtigkeit des Urteils annehmen zu können; dies steigert sich mit der wachsenden Zahl der Evidenzen.[1] Es sei der Wert jeder Evidenz $= \frac{1}{a}$, die Zahl derselben $= n$, so ist die sich ergebende Wahrscheinlichkeit $= \frac{1}{a^n}$; $1 =$ absolute Gewissheit. Offenbar nimmt $\frac{1}{a^n}$ ab mit jedem Anwachsen von a, wie von n.

Sind die Evidenzen von einander unabhängig, kann folglich jede für sich das Urteil stützen, so muss ein sehr geringer Grad von Probabilität für jede einzelne vorhanden sein, um ein Urteil merklich zweifelhaft zu machen; und dies gilt um so mehr, je zahlreicher die Evidenzen sind. Sind sie z. B. alle gleich, und ihr gemeinsamer Abstand von der absoluten Gewissheit sei bei jedem $= \frac{1}{a}$, so wird die Gesammtsumme der einzelnen Abstände $= \frac{1}{a^n}$ sein, was gänzlich bedeutungslos ist, wenn a und n grosse Werte sind. Es seien z. B. a und n $= 10$, so würde der Abstand $= \frac{1}{10,000,000}$ sein. —

Logik I p. 221; die qu. Notizen sind posthum edirt, vgl. Erdmann, Opp. philos., Leibnitz etc. p. 94—104.
[1] H. P. p. 169. Evidenz $=$ begründende Thatsache.

Die Induction und Analogie, das Schliessen aus Versuchen und Beobachtungen wird mit der Newton'schen Differential-methode verglichen. Die Differentialrechnung lehrt uns, wenn wir eine bestimmte Anzahl von Ordinaten einer uns unbekannten Curve haben, gegeben mit den Punkten der Abscisse, auf denen sie stehen, solch ein allgemeines Gesetz der Curve, d. h. solch eine Gleichung, welcho das Verhältniss von Ordinaten und Abscisse ausdrückt, zu finden, die den Ordinaten und den gegebenen Punkten der Abscisse entspricht. In der Induction entsprechen den Ordinaten die Wirkungen oder die Resultate der verschiedenen Experimente unter gegebenen Umständen, der Absisse alle möglichen Umstände, der Gleichung das Gesetz der wirkenden Kraft.

Sind die Versuche oder Beobachtungen zahlreich, die Umstände, unter denen sie erscheinen, eng zu einer geordneten Reihe verknüpft, stehen die Umstände, unter denen die aufzusuchende Wirkung erscheint, in naher Beziehung zu ihnen, ist ferner die Annahme zulässig, dass die reale Ursache diese Effecte durch Variationen eines einfachen Gesetzes erzielt, so hat die Induction grosse Wahrscheinlichkeit für sich. Wenn die allgemeine Folgerung oder das Gesetz ein einfaches, und stets dasselbe ist, so sind wir unzweifelhaft mit dem richtigen Gesetz bekannt. Wenn der Erscheinungen aber nur wenige sind, die Umstände stark von einander differiren, wenn angenommen werden muss, dass eine Mehrheit von Ursachen die Quelle dieser Phänomene ist, sodass das Productionsgesetz ein sehr zusammengesetztes ist, wenn eine neue Hypothese für jede neue Combination erforderlich ist, dann wird die am meisten entsprechende Hypothese nur einen niedrigen Punkt auf der Wahrscheinlichkeitsscala bilden.

Die plötzliche und notwendige Vorstellungsverschmelzung, wie sie die sinnliche Anschauung gewährt, betrachtet Hartley als die höchste Art der Induction: doch gibt er sie nur zu für mathematische Sätze, eine Auffassung, der gegenüber Kant geltend machen würde, dass hier (Hartley führt den Satz $2 \times 2 = 4$ an) ein synthetisches Urteil a priori vorliege.

In den Fällen, in denen ein Inductionsschluss nicht möglich ist, ist ein Analogieschluss zulässig. Die analogen Beschaffenheiten der Dinge um uns sind ein gutes Mittel zum Erkennen ihrer Eigenschaften: „all things become comments on each other in an endless reciprocation."[1]

Die Aufgabe aller Wissenschaften ist es, unsere begründenden Tatsachen zu reduciren, zu vereinen, zu vereinfachen, sodass die daraus resultirende Begründung eine solche höherer Ordnung, eine Integration der einzelnen Beweisdifferentiale wird.

Vier Methoden der Generalisation[2] gibt Hartley an:

1) Eliminationsmethode,
2) Methode der Gleichungen,
3) Approximationsmethode,
4) Déchiffrirmethode.

Ueber 1) und 3), deren Wesen offenbar ist, bedarf es wol keiner weiteren Auslassung.

Zu 2) sei bemerkt: Zur Erklärung unbekannter Erscheinungen sollen dieselben, wie die Unbekannte in einer Gleichung, durch Symbole bezeichnet werden; das Unbekannte hat oft Bezüge auf Bekanntes. Doch soll diese Symbolisirung nur ein methodologischer Kunstgriff sein; man darf sich dabei nicht beruhigen. Die Symbole sollen blos Formeln, blos Collectivbegriffe für Gruppen von Phänomenen sein.

Was 4) betrifft, so liegt m. E. hier wol ein Gleichniss, aber keine Methode vor: die Auflösung einer Chiffreschrift fällt unter eine der drei vorhergehenden Methoden. Doch sei hier ein schönes Wort Hartley's noch angeführt: „The philosophy is the art of decyphering the mysteries of nature."[3]

Die Philosophie hat zu untersuchen, aus wie viel Ursachen jede Wirkung entspringt, ferner ob die Verhältnisse einfacher oder complexer Natur sind; an Stelle einer blos aus dem Groben heraus arbeitenden Zusammenfassung von Daten soll für die ursächlichen Verhältnisse u. s. w. eine möglichst genaue Wahrscheinlichkeitsgrenze festgestellt werden.

Prophetisch klingt der Ausspruch Hartley's:[4] „It appears not impossible, that future generations should put all kinds of evidence and inquiries into mathema-

---

[1] H. P. p. 177.
[2] H. P. p. 179.
[3] H. P. p. 184.
[4] H. P. p. 192.

tical form; and reduce Aristotle's ten categories
..... to the head of quantity alone, so as to make mathe-
matics and logic .... coincide omni ex parte."
Es ist in der That Hartley's deutlich ausgesprochene Ab-
sicht, das zu begründen, was uns die neue englische Logik
gegeben hat, den logischen Algorithmus, den Logikcalcul.

Er sagt: „It is the purpose of this and the foregoring
section (in denen er das oben Dargestellte entwickelt) to give
imperfect rudiments of such an art of logic, as it defined
above i. e. as should make use of words in the way of
mathematical symbols, and proceed by mathematical me-
thods of investigation and computation."

Er betont ausdrücklich die rein symbolische Bedeutung der
in logischen Processen angewendeten Termini[1] und ein dem-
entsprechendes Operiren, er versucht Urteile auf Gleichungen[2]
zu reduciren; er strebt eine Quantification des Urteils
an; jedes Urteil ist eine Quantitätsbeziehung zwischen Subject und Prädicat; was George Boole gethan, das hat er skizzen-
haft versucht zu geben, eine mathematische Analyse der for-
malen Logik.[3]

Hartley ist sich durchaus bewusst gewesen, dass er nur
die ersten Elemente geliefert hat; aber der schöpferische Gedanke hat doch bei ihm sich zur lebendigen Gestaltung durch-
gerungen, hat einen bestimmten Ausdruck gefunden.

Darum ist das Verdienst, dass er der erste gewesen im
Dienste dieser Idee, ihm zu wahren, unbeschadet dessen, dass
der wissenschaftliche Ausbau, die tiefere Begründung und Er-
gründung des logischen Algorithmus der neueren Schule vorbe-
halten blieb.

Diesen Ausführungen folgt der Abschnitt über die Gemütsbewegungen:

Sie sind Aggregate einfacher durch Association verknüpfter
Vorstellungen; sie werden durch Objecte, durch Lebensereig-
nisse u. s. w. erzeugt, die uns nur associativ afficiren können.

---

[1] H. P. p. 187.
[2] II. P. p. 181/2.
[3] Cfr. Liard a. a. O. p. 51, 99 ff., und passim., Wundt, Logik I
p. 222 ff.

Da sie Zustände mit bedeutender Lust- oder Unlustäusserung sind, so müssen sie zusammengesetzte Formen der sinnlichen Lust- und Unlustempfindungen sein.

Es giebt sechs Classen von intellectuellen, höheren Gemütsbewegungen, Imagination, Ehre, Selbstgefühl, Mitgefühl, Theopathie, moralischer Sinn. Da die Sensation die gemeinsame Grundlage aller ist, so trägt jede dazu bei, wenn einmal geweckt, alle andern zu wecken und zu formen (to model).

Dieser Zeugungsprocess vollzieht sich, nach Hartley, so, dass die Empfindung die Imagination, Empfindung und Imagination das Gefühl der Ehre, diese drei das Selbstgefühl erzeugen u. s. w.

Alle aus Lust entspringenden Gemütsbewegungen sind Gemütsbewegungen der Liebe, alle aus Unlust hervorgehenden solche des Hasses.

Diese Spaltung nach dem Gefühl ergibt gemäss den zwei Contrasten desselben die zwei Richtungen des Begehrens und des Widerstrebens; die Agentien sind unsere Willkürbewegungen und die daraus sich entwickelnden Handlungen. Diese letzteren aber sind das Ergebniss associirter Kräfte.

Hartley hat das Erfahrungsmässige dieser Vorgänge dermassen accentuirt, dass es durchaus geboten ist auf gewisse sinnliche Triebe, wie Nahrungs- und Fortpflanzungstrieb als angeborene hinzuweisen.

Der Wille ist, nach Hartley, ein Begehren oder Widerstreben, das hinreichend stark ist, eine nicht primär- oder secundär-automatische Thätigkeit hervorzubringen. [1] Er ist das augenblicklich stärkste Begehren oder Widerstreben. Da nun diese Triebe Producte der Association sind, so ist dies auch der Wille; beide unterliegen dem Causalitätsgesetze.

Die Begriffsbestimmung des Willens als der Macht eine nicht-automatische Handlung zu erzeugen ist m. E. eine offenbare Tautologie, die weiter nichts besagt als: der Wille ist das Wollen eines Willensactes. Wenn Hartley ferner den Willen das augenblicklich stärkste Begehren bez. Widerstreben nennt, so ist dies eine Verwechslung der Willensfunction mit einem einzelnen Willensact, der allerdings die Resultante einer Gruppe von bestimmten psychischen Strebungscomponenten ist.

---

[1] H. P. p. 205.

Am Schlusse dieses Abschnittes gibt Hartley eine Uebersicht
über die Gemütsbewegungen, Leidenschaften (passions), deren
er zehn aufzählt, fünf dem Lustgebiete, fünf der Unlustsphäre
zugehörig:[1]

I. 1. Liebe,
  2. Begehren,
  3. Hoffnung,   } Lust.
  4. Freude,
  5. angenehme Erinnerung.

II. 1. Hass,
  2. Widerstreben,
  3. Furcht,   } Unlust.
  4. Schmerz,
  5. unangenehme Erinnerung.

Diese Einteilung leidet an verschiedenen Mängeln. Zuerst
ist Liebe und Begehren, bez. Hass und Widerstreben nach
Hartley's eigener Definition[2] blos eine gradweise unterschiedene
Modificirung derselben Gemüthsbewegung. Weiter sind, und
dies gilt für den ganzen Abschnitt, die zwei Gruppen von
Emotionen: Affecte, und Triebe nicht scharf auseinandergehalten
worden, und daraus entspringen mancherlei Irrtümer. Offenbar
sind Affecte unmittelbare Gefühlserregungen, während die
Triebe durch zukünftige Gefühle bestimmt werden.[3] Wollte
Hartley, und dies scheint er doch beabsichtigt zu haben, eine
Tafel der Affecte geben, so hat er z. B. den Zorn, die Andacht,
den Stolz u. s. w. nicht mit angeführt; in diesem Fall könnten
Liebe und Hass als selbstständige Phänomene gelten. Was
sollen dann aber „desire" und „aversion"? Zugleich drängt sich
die Frage auf, ob Begehren und Widerstreben als besondere
Triebe aufgefasst werden dürfen. Sie sind m. E. doch wol nur
der allgemeinste Ausdruck, die begrifflich abgezogene Formel
für die mannigfachen Sonderstrebungen und Hemmungen im
Leben der Seele. Angenehme bez. unangenehme Erinnerung
ferner sind im eigentlichen Sinne keine „passions;" unser Autor
ist durch die verursachende Macht derselben, hellere oder

[1] H. P. p. 207.
[2] H. P. p. 203.
[3] Wundt, Psych. II, 327, 333.

dunklere Nachbilder von Gefühlen zu reproduciren, veranlasst
worden, sie aufzunehmen.

Es dürfte diese Classification demnach kaum als gelungen
bezeichnet werden.

Gemäss dem Plan, den er sich vorgezeichnet, behandelt
Hartley nun die Phänomene der Erinnerung, das Gedächtniss.
Das Gedächtniss bestimmt er als das Vermögen der Reproduction von Empfindungen und Vorstellungen; von hervorragendem Einfluss sind die Hirnfunctionen in ihren jedesmaligen
Zuständen. Die Reproduction ist nur möglich durch die Annahme, dass Spuren der einmal erzeugten Vorstellungen zurück-
bleiben, die ein Wiedererzeugen derselben ermöglichen, eine
Auffassung die nur durch eine feine Grenzlinie von der modernen
geschieden ist, die eine zurückbleibende functionelle Disposition
statuirt.[1]

Die Elemente des Gedächtnisses verdanken ihr Entstehen
der fortwährenden Wiederkehr derselben Eindrücke und Ein-
drucksgruppen.[2]

Der Vorgang vollzieht sich folgendermassen:[3] Ein Subject
besitze eine Anzahl solcher Elemente; eine Erfahrung sei
gebildet, gruppirt aus 10 solcher Elemente. Wie ist es im
Stande eine vergangene Tatsache, die aus 100 Gruppen besteht,
zu reproduciren?

a) Es braucht blos 100 Elemente, da ihm die Verhältnisse,
   unter denen die 100 Gruppen erscheinen, genügend
   bekannt sind;

b) die hundert Gruppen kehren nach dem Ereigniss als
   Erinnerungsbilder öfters wieder, ein Hülfsmittel zur
   Erhaltung der Reihenfolge;

c) die einzelnen gruppenbildenden äusseren Eindrücke
   haben einen gesetzmässigen Zusammenhang, denen
   eine Ordnung der Gruppen entspricht;

d) disparate Gruppen werden eliminirt;

e) die concomitirenden Gesichtseindrücke während des
   eigentlichen Geschehens tragen zur treuen Wiedergabe
   des Ereignisses bei;

---

1 Wundt, Psych. II, 306.
2 II. P. p. 208.
3 H. P. p. 209/10.

f) Wir denken discursiv, die Worte, welche auf die betr. Tatsache Bezug haben, fixiren sich und vermitteln einen geordneten Verlauf der associirten Vorstellungsreihen.

Das Verhältniss des Gedächtnisses zu den Erinnerungs- und Phantasiebildern führt ihn zu interessanten Erörterungen. Die Träume haben drei Ursachen: die zuletzt empfangenen Reize und Vorstellungen, die körperlichen Zustände, die Association. Der Träumende hält die Traumbilder für real, weil er keine Realität ihnen entgegensetzen kann und wegen der Lebhaftigkeit der Anschauungsvorstellungen; eigentümlich ist diesen Phantasmen die Wüstheit und Inconsistenz.

Zuletzt bespricht er die tierischen Instincte;[1] sie sind ihm nicht das Resultat äusserer Eindrücke, Associationen, Combinationen, sondern organische Anlagen des Nervenmechanismus, die zu Functionen durch die Einwirkung äusserer Sinnesreize sich gestalten, eine Ansicht, welche die Naturforschung unserer Tage billigen dürfte.[2]

Damit schliesst das umfangreichste, das dritte Capitel.

Die Hauptgesichtspunkte lassen sich dahin resumiren:

1) Die Worte erzeugen nur durch Association Vorstellungen in uns.

2) Urteile sind complexe Grössen, entstanden durch die Verknüpfungen von Zusammenhängen psychischer Zustände zu einer Vorstellungsgruppe.

3) Die Coincidenz von Vorstellungen bez. Symbolen ist die Basis des Fürwahrhaltens.

4) Die Aufgabe der Logik ist die Quantification der Urteilselemente.

5) Die Gemütsbewegungen sind Aggregate associirter Vorstellungen auf dem Untergrunde von Lust- bez. Unlustgefühlen.

6) Die Reproduction der Vorstellungen beruht auf der Theorie der Spuren.

---

[1] H. P. p. 245/6.
[2] Wundt, Psych. II p. 335 ff.; Herbert Spencer a. a. O. P. IV. Cap. V.

Das vierte Capitel behandelt die intellectuellen Lust- und Unlustgefühle. Es wird für die Darstellung am dienlichsten sein, wenn wir gleich im Anfang eine Tafel derselben, nach Hartley, geben. Wir haben schon im Vorhergehenden[1] die Sechsteilung derselben als Grundprincip vorgefunden.

Tafel der höheren Lust- und Unlustgefühle nach Hartley.

I. Imagination:
a. aus der Schönheit der Welt,
b. aus der Plastik u. Architektur,
c. aus Musik, Malerei, Dichtkunst,
d. aus dem Wissen,
e. aus der persönlichen Schönheit,
f. aus Witz und Humor,
g. Unlustgefühle aus dem Absurden, dem Inconsistenten u. s. f.

II. Ehre (ambition):
a. aus äusseren Vorteilen bez. Nachteilen,
b. aus körperlichen Vorzügen bez. Schäden,
c. aus geistigen Vorzügen bez. Schwächen.
d. aus moralischen Qualitäten.

III. Selbstgefühl:
a. aus sinnlichen Motiven,
b. das verfeinerte (refined) ⎫
c. das rationelle   ⎬ Selbstgefühl.
                                         ⎭

IV. Mitgefühl:
a. Mitfreude,
b. Mitleid,
c. Schadenfreude,
d. Unlust über Anderer Lust.

V. Theopathie:
a. Liebe zu   ⎫
b. Furcht vor ⎬ Gott.
                     ⎭

VI. Moralischer Sinn (moral sense):

Combination von I—V.

---

[1] Vgl. S. 25.

Hartley will den Nachweis liefern, dass diese Gefühle
durch die Association combinirte, entwickeltere Formen der
sinnlichen Freuden und Schmerzen sind. Er hält seine Aufgabe für gelöst, wenn es ihm gelingt zu zeigen, dass ein Ent-
wickelungsprocess vorliegt, nach dem jedes höhere Gefühl aus
einem anderen sich herausgebildet hat, dass eine Stufenreihe
existirt, deren Endpunkt und Spitze der „moral sense" ist, dass
die schöpferische Macht der Association auch diese Phänomene
beherrscht.[1]

Wir wollen vorläufig die in der gegebenen Tabelle be-
stehende Classification gelten lassen, vorbehaltlich einer kritischen Betrachtung des Wertes ihrer Einteilungsbasis, ihren
Subsumtionen u. s. w. Hartley führt seine Ansicht folgendermassen durch:

I. Die Classe I umfasst die ästhetischen Gefühle. Die
lebenswarme Wirklichkeit der Natur umschliesst einen unendlichen Reichtum von Erscheinungen, die dem Bewusstsein eine
Fülle angenehmer Empfindungen liefern. Die Combinationsweise
derselben bedingt das ästhetische Gefühl.

Die Anschauungsformen Raum und Zeit, in denen diese
Elemente sich einordnen, bilden ihre Grundlage. Die rhyth-
mischen Klanggestaltungen, wie die Grössen- und Maassver-
hältnisse der Symmetrie und Asymmetrie, die Mannigfaltigkeit
in der Einheit, die Beziehungen des individuellen Gemütslebens
auf die der ästhetischen Wertschätzung unterliegenden Objecte,
die Erregung tieferer Gefühlsvariationen des Beobachters, die
Steigerung derselben zu Affecten bilden die Grundbestandteile,
deren Combination eben diese Gefühle sind.[2] Es ist Hartley
nicht wol abzustreiten, dass sie in der Tat regelmässig mit
sinnlichen Gefühlen verknüpft auftreten; sie „bilden nicht bloss
den Hintergrund, auf dem das ästhetische Gefühl sich erhebt,"[3]
sie geben zugleich den Untergrund für eine Evolution desselben.

---

[1] H. P. p. 257.
[2] Es sei noch hingewiesen auf Hartley's Bemerkungen über das
Lachen, die manches Uebereinstimmende mit Charles Darwin's Ausführungen zeigen in dessen Schrift: Ausdruck der Gemütsbewegungen
bei dem Menschen und den Thieren, übersetzt von J. Victor Carus,
Cap. VIII p. 200 ff.
[3] Wundt, Psych. II p. 189.

Was aber die Gruppirung der ästhetischen Gefühle unter I
betrifft, so scheint mir dieselbe eine willkürliche, unmotivirte
zu sein. Es sind m. E. a und c zusammenzufassen, als zu der
Naturbetrachtung unter ästhetischen Gesichtspunkten gehörig;
ebenso bilden ein Ganzes b, c, d als Repräsentanten der Lustgefühle aus Producten künstlerischen Schaffens, wie von Kirch-
mann es nennt: „Lust aus dem Bilde der Lust": a, c und
b, c, f könnten dann wieder zu einer höheren Einheit gebunden
werden, zu den specifisch ästhetischen Lustgefühlen.[1] Ein
völlig betrogenes Element ist d, die Lust aus dem Wissen;
dasselbe hätte eine besondere Gruppe: logische Gefühle bilden
müssen, denn diese Lustart entsteht in uns aus den Gefühlen
des Widerspruchs, der Uebereinstimmung, der Art und Weise,
in der die Denkprocesse vor sich gehen.[2] Die letzte Unterab-
teilung g ist im Grunde nur der jedesmalige complementäre
Gegensatz zu den sechs vorhergehenden Gruppirungen, durfte
also als selbständige Species nicht eingeführt werden.

II. Die Lust- bez. Unlustgefühle aus der Ehre nehmen
den zweiten Platz in unserer Tabelle ein.

Der Besitz äusserer Güter, wie Reichtum, Titel, Rang-
stellung u. s. w. wird dadurch bedeutungsvoll, dass er Anderen
bekannt wird oder ist. Alle damit verknüpften Merkmale,
Aeusserungen, Bezüge associiren sich zu Gedankencomplexen,
deren Wirkung den Maassstab abgibt für eine äusserst hohe
Schätzung: der Besitz schafft so die Lust aus der Ehre, der
Mangel das Unlustgefühl aus der Scham. Das Kind, das mit
schönen Kleidern geputzt ist, wird von seiner Umgebung mit
Zärtlichkeiten bedacht; das Aussehen wird gehoben, die körperlichen Vorzüge treten besser hervor: reicher Schmuck ist
charakteristisch für Reichtum, hohe Geburt u. s. w.; das Gebiet
der Associate ist hier gerade besonders gross.[3]

Sehr fein sind einige Bemerkungen über den Umschlag,
den Lebenserfahrungen in diesen gemütlichen Vorgängen her-
beiführen. Es sind bei einer solcher μετάνοια entgegengesetzte
Associationen wirksam gewesen, um die Verknüpfung von

---

[1] Etwa $= A_{a, c} \cdot A_{b, c, f}$, wenn A die Constante: specifisch
ästhetisches Gefühl bezeichnet.
[2] Vgl. Wundt's treffende Ausführungen Psych. II, 347/8.
[3] H. P. p. 279.

Elend und ärmlicher Kleidung u. s. f. aufzuheben. Der Verlauf so'cher Wandlungen weist ein bedeutender Zeitintervall auf zwischen dem Bestreben etwas zu sein (desire of being), und dem für etwas gehalten zu werden (desire of being thought).[1] Die Lust aus dem eignen Körper wird durch den Besitz von Schönheit und Kraft bedingt: Hartley führt aus, wie diese Eigenschaften auf das Innigste mit dem allgemeinen Gefallen u. s. f. associirt das betr. Lustgefühl ergeben. Aehnlich ist ein Nachweis für c.

Die Bemerkungen über d sind rein utilistisch gehalten; die zahlreichen Vorteile eines tugendhaften Lebenswandels, das allgemeine Lob, das einem ehrenhaften Verhalten gezollt wird, die Strafen, die dem Laster drohen, sind die Associate, aus denen diese Lustart resultirt. —

Die zweite Classe könnte füglich in zwei Unterabteilungen zerlegt werden; a und b sind die fortune physique, die als Summe für uns wertvoller Empfindungen zur fortune morale wird; c und d bilden die innerliche, individuell bestimmte Qualitätengruppe.

Dass wir eine hohe Güterquote besitzen, ist es nicht allein was eine positive Steigerung der entsprechenden Empfindungscomplexe herbeiführt: die Genüsse an sich, unabhängig von irgend eines Anderen Kenntniss, die vom Besitz geboten werden, das Gefühl der Macht, zuletzt das Bewusstsein des Habens überhaupt sind mächtige Factoren, die zum Streben nach wachsender Cultur dieser Lustgefühle reizen.

Dies führt uns auf

III. Die Lustgefühle aus dem Selbstgefühl (self-interest).[2] Hartley unterscheidet drei Arten:[3]

a) das Selbstgefühl, das uns streben lässt nach Mitteln, durch welche die Lustgefühle der Sinne, der Imagination, der Ehre geweckt werden (gross self-interest).

---

[1] II. P. p. 280. Ein moderner Romandichter liefert die praktischen Belege dafür, indem er seinen Helden die drei Stadien: „sich selbst verachten — die Welt verachten — verachten, dass man verachtet wird" durchmachen lässt und die Schwierigkeit der Uebergänge anschaulich schildert (Spielhagen, Problematische Naturen).

[2] Wir übersetzen nicht Selbstliebe oder Eigennutz, da, wie aus dem Folgenden hervorgehen wird, Hartley das Wort viel weiter ge fasst hat.

[3] II. P. p. 292.

b) Das verfeinerte Selbstgefühl, das Streben nach den Mitteln, die uns die Lustgefühle aus dem Mitgefühl, der Theopathie und dem moralischen Sinn verschaffen (refined s.).

c) Das rationelle Selbstgefühl, das Streben nach Glückseligkeit überhaupt (rational s.); die Motive der Hoffnung und Furcht, bezogen auf ein jenseitiges Leben, führen zu Menschenliebe und Gottesfurcht.[1]

IV. Der Abschnitt über das Mitgefühl ist reich an treffenden Bemerkungen; die associativen Grundlagen desselben werden ausführlich nachgewiesen. Auf ein sinnliches Moment des Mitgefühls, die Verbindung der Wahrnehmungen von Andere afficirenden Schmerzgefühlen mit Phantasiebildern von Verletzungen am eigenen Leibe ist schon ihm eine feststehende Thatsache.

V. Die religiösen Gefühle, die Hartley als „theopathy" bezeichnet, werden durch die Betrachtung Gottes, seiner Attribute und unserer Beziehung auf ihn erzeugt.[2] Er weist bei der geschichtlichen Bildung des Gottesbegriffs im Volk, wie im Einzelnen die anthropomorphisirenden Tendenzen nach, es treten dazu ästhetische Gefühle des Erhabenen, und die Gruppe sittlicher Bestimmungen, wie Gehorsam u. s. f.

VI. Die Fundamente des moral sense sind die Autorität, die Erkenntniss der unmittelbaren und indirecten guten Folgen eines sittlichen Verhaltens, die Wirkungen ästhetischer Gefühle, der Gedanke an ein Jenseits, an Gott.

Der Boden, auf dem Hartley steht, ist eine eigenartige Vermischung individual-eudämonistischer mit heteronomistischer Moral.[3]

Hartley's Deduction des moral sense aus den fünf vorhergehenden Classen von Lustgefühlen ist eine sehr künstliche.

Hartley hat logische, ästhetische, ethische, religiöse Gefühle unterschieden, doch seine Classification der intellectuellen Gefühle bietet den besten Beweis dafür, wie unklar und wie unrichtig oft seine Beurteilung gewesen ist. Sein Verfahren war ein unsystematisches, da es die qualitativ verschiedensten Bestand-

---

[1] H. P. p. 299.
[2] H. P. p. 320 ff.
[3] Vgl. E. von Hartmann, Phänomenologie d. sittl. Bewusstseins, 1879, p. 3 ff.; unstreitig wol die beste vergleichende Naturgeschichte der Ethik, die wir besitzen, ein leider mehr gelobtes, als gelesenes Werk.

34

teile durcheinanderwirft. Wir haben schon bei Classe I den Nachweis hierfür zu liefern gesucht; recht ersichtlich wird aber die Schwäche der Einteilungsbasis, wenn man die Gruppen II, III, IV nach ihren inhaltlichen Bestimmungen in's Auge fasst. Alle drei sind offenbar Teile eines grösseren Complexes, der ethischen Gefühle, die auf der Unterlage des sinnlich bestimmten Selbstgefühls sich entwickeln und den stufenweisen Fortgang von Beziehungen des Subjects auf sich selbst zu einer altruistischen Anschauung aufzeigen. Die Hauptdata von Cap. IV sind:

1) die höheren Lust- und Unlustgefühle sind complicirte Aggregate der sinnlichen Gefühle;
2) das Grundgesetz ihrer Bildung ist die Association.

Das fünfte und letzte Capitel behandelt die Freiheit des Willens.

Hartley ist entschiedener Determinist; er nimmt einen Mechanismus der menschlichen Handlungen an: jede resultirt aus gegebenen körperlichen und geistigen Zuständen. Von einer Skizze seiner Theorie sehen wir ab, da dieselbe consequent durchgeführt und weiter entwickelt bei Joseph Priestley, dem der zweite Teil der Arbeit bestimmt ist, wiederkehrt und dort ihre Darstellung finden wird.

Die Grundzüge der Hartley'schen Lehre sind im Vorhergehenden gegeben worden; es ist nicht unsere Aufgabe zu untersuchen, wieweit es ihm gelungen ist, seinem System anderen Systemen gegenüber, wissenschaftliche Gewissheit zu verschaffen; wir haben blos versucht, auf dem Boden des Associationismus und unter hypothetischer Voraussetzung der Richtigkeit seiner Grundprincipien eine kritische Analyse der Hartley'schen Sätze zu geben.

Nicht ganz aber können wir uns dem Urteil Ribot's [1] anschliessen: „On ne peut pas dire que Hartley ait été très-heureux dans les explications de détail. Il n'entre pas assez à fond dans cette chimie intellectuelle. Tandis que ses successeurs n'ont pas craint de s'attaquer aux idées si embarassantes de temps, d'espace etc., et de les résoudre en associations d'états

1 Ribot a. a. O. p. 53/4.

primitils de conscience, Hartley méconnait ou esquive ces difficultés. On trouve chez lui trop d'explications verbales et trop peu de faits . . . . . ;" obwol uns im Allgemeinen die Ribot'sche Kritik als eine durchaus treffende erscheint, so ist er doch wol in einzelnen Puncten zu weit gegangen. Hartley ist der Bahnbrecher einer neuen Schule, und dies erklärt alle Licht- und alle Schattenseiten seines Werkes.

Joseph Priestley ist eine der eigenartigsten Erscheinungen in der Geschichte der Wissenschaften. Er zeichnet sich durch eine Vielseitigkeit in der Richtung seiner Studien aus, die an Leibnitz erinnert; berühmt ist er hauptsächlich durch seine epochemachenden Entdeckungen in der Chemie: zugleich aber war er Physiker, Geschichtsschreiber, Pädagog, Politiker, ein eifriger Polemiker auf theologischem Felde, und was uns hier angeht, der consequente Schüler und Fortbildner Hartley's.

Er wurde am 24. März 1733 in Field-head bei Birstal in der Nähe von Leeds als Sohn wolhabender Eltern geboren. Die Periode, die uns interessirt, die, in welcher seine philosophischen Schriften entstanden sind, fallen in den Zeitraum von 1768 — 1780; er war von etwa 1773/4 an, von welchem Zeitpunct an die Mehrzahl der Schriften publicirt wurde, Caplan und Bibliothekar des Marquis of Lansdown und Erzieher von dessen ältestem Sohne Lord Wycomb. Sein Leben war ein reichbewegtes, stürmisches. Nach harten Schicksalsschlägen und Verfolgungen, die er wegen seiner religiösen Thätigkeit, er war ein Verkämpfer des Rationalismus, erlitt, (bekannt ist namentlich der Volksaufstand in Birmingham vom 14. Juli 1791 wider ihn und seine Anhänger) musste er nach Amerika auswandern. Er liess sich zu Northumberland Town, an den Ufern des Susquehannah nieder und starb daselbst am 6. Februar 1804.[1]

---

[1] Vgl. The life of Joseph Priestley by John Corry, London 1804; der Biograph gibt einen kurzen Abriss des äusseren Lebensganges, nimmt Rücksicht auf des Priestley naturwissenschaftliche und theologische Studien, lässt seine philosophischen Leistungen ganz ausser Acht. — Noack a. a. O. und Tennemann nennen ihn Carry, was wol ein Versehen ist. Vgl. zu unserer Arbeit: Erdmann, Geschichte der neueren Philosophie Bd. II, Abth. II, § 26 p. 411 ff.; desselben Grundriss der Gesch. d. Philosophie, 1866, § 292, 7; Tennemann

Aus dem Associationismus ist die ethische Weltanschauung
Priestley's hervorgegangen: zwei Grundprobleme vorzüglich
sind es, denen er eine besondere Aufmerksamkeit geschenkt
hat, die Frage der Freiheit des Willens, und die nach einem
bestimmten Ziel der Sittlichkeit, nach einem objectiven Moralprincip.

Das liberum arbitrium indifferentiae hat selten wol eine
gefährlichere und gründlichere Kritik erfahren, als durch ihn.
Jeder Satz, den er formulirt, jedes Argument, das er gegen
dasselbe in's Treffen führt, offenbart sich als das Ergebniss
nicht allein einer logischen Arbeit, sondern auch eines gemütlichen Kampfes. Seine Darstellung wird von einem Pathos
getragen, das ihr Wärme und Lebendigkeit verleiht. Priestley
hat lange mit sich gerungen, ehe er sich vom Indeterminismus
losgesagt hat:[1] „ I gave up my liberty with great reluctance."

---

a. a. O. XI, 468 ff.; Lange a. a. O. 294 ff. — Die von uns behandelten
bez. uns zugänglichen Schriften P.'s sind: 1) An Essay on the first
principles of government; and on the nature of political,
civil and religious liberty, 1768, London. 2) An Examination
of Dr. Reid's Inquiry into the human mind on the principles of
common sense, Dr. Beattie's Essay on the nature and immu-
tability of truth, and Dr. Oswald's Appeal to common sense
in behalf of religion, 1774, 2. ed. 1775, London. 3) Hartley's
theory of the human mind, on the principle of the association of ideas, with Essays relating to the subject of it,
1775; 2. ed. 1790. 4) Disquisitions relating to Matter and
Spirit, to which is added, the history of the philosophical
doctrine of the soul, and the nature of matter, with its in-
fluence on christianity, especially with respect to the doctrine of the
pre-existence of Christ; London 1777. 5) The doctrine of philosophical necessity illustrated, being an Appendix to the Disquisitions relating to matter and spirit, to which is added an answer
to the letters on materialism, and on Hartley's theory of the human
mind; London 1777. 6) A free discussion of the doctrine of
Materialism, and philosophical necessity, in a correspondence
between Dr. Price, and Dr. Priestley, to which is added, by Dr. Priestley, an introduction, explaining the nature of the controversy, and
letters to several writers who have animadverted on his Disquisitions,
on his treatise on necessity; London 1778. — 4, 5, 6 bilden eine
einheitliche Serie. 7) Letters to a philosophical unbeliever,
Part. I, containing an examination of the principal objections to the
doctrines of natural religion, and especially those contained in the
writings of Mr. Hume; London 1780.

[1] Priestley, D. of necess. p. XXXI; in seiner Examination of
Dr. Reid's inquiry etc. etc. p. 180/1 findet sich eine Notiz: I embra-

Seine Ansichten hat er niedergelegt in der „Doctrine of philosophical necessity"; eine kurze Analyse derselben wird uns die Grundgedanken vergegenwärtigen. — Hobbes ist ihm der erste Begründer der Notwendigkeitslehre, Beiträge lieferten Collins, Hume, Kaims, teilweise auch Locke [1], der indessen zur vollen Klarheit nicht durchgedrungen ist; den Schlussstein in das Gebäude hat Hartley eingesetzt. Die hauptsächlichste Irrthumsquelle entspringt, wie er in Sect. I nachzuweisen unternimmt, aus einer falschen Fragestellung.

Weil wir nämlich der Willensthätigkeit uns am lebendigsten bewusst werden bei dem Process der Motivabwägung, bei dem Schwanken zwischen verschiedenen Vorstellungen oder Bewegungen, so halten wir jeden Willensact für einen Wahlact. Die Thatsache der Wahl verleitet uns dazu, eine Selbstbestimmung des Willens, einen Willensact als den absoluten Beginn eines Geschehens aufzufassen. Es liegt hier eine Verwechslung der Begriffe vor: die Freiheit als die Fähigkeit das zu thun was man will, wird auch vom Determinismus nicht geleugnet, aber derselbe kann nicht eine Freiheit zugeben, zufolge der einem gegebenen Individuum unter gegebenen Umständen zwei Handlungen möglich sind. Unser Wollen unterliegt dem Gesetz der Motivation, die nur ein Specialfall der allgemeinen Causalität ist, die Causalität von innen gesehen, eine innere Notwendigkeit. —

In Sect. II sucht er eine Charakteristik von der constanten Regelmässigkeit der causalen Erscheinungen zu geben.

Die irgend einer Veränderung vorausgehenden Umstände[2]) sind die Ursachen derselben; das determinirte Geschehen ist die Wirkung. Da die Naturbeobachtung constatirt, dass ein solches Geschehen stets auf gewisse Bedingungen, die Ursachen, folgt, so ist die Verknüpfung zwischen Ursache und Wirkung eine unveränderliche, eine notwendige. Ein ursachloses Geschehen ist unmöglich. Uebertragt man dies auf das geistige Gebiet, so sind die vorausgehenden Umstände für die Fälle, in

---

ced the doctrine of necessity from the time that I first studied the subject; I have been a firm believer of it ever since.... wol nur im Eifer der Debatte.

[1] Priestley, D. o. Necess. p. 5, 6, 7.
[2] Priestley, D. o. nec. p. 10, 11.

denen es sich um ein Wollen oder eine Wahl handelt, der
ganze Umfang der Individualität, und die entsprechende Auffassung der äusseren Verhältnisse; die letzteren, die äusseren
Bestimmungsgründe des Handelns, sind die Motive.[1] Wir
sind nur deshalb nicht im Stande mathematisch genau voraus-
zusagen, wie Jemand in einem bestimmten Falle handeln wird,
weil der Einblick in die innere Thätigkeit der psychologischen
Verursachung und in die Gesammtheit der Motive nur ein
mangelhafter ist, nicht aber weil etwa das Wollen ein grund-
loses, jeder seiner Acte ein Spiel des Zufalls wäre. Unter
gegebenen Umständen kann ein bestimmter Mensch jedesmal
nur dasselbe thun.

Die Begriffe: „willkürlich, unwillkürlich — notwendig, zu-
fällig" stehen im Gegensatze zu einander, nicht: „willkürlich
und notwendig." Denn eine willkürliche Thätigkeit wird durch
bestimmte Gesetze, gleich einer mechanischen, determinirt.
Meine Determination ist allerdings von mir ausgegangen, ist
mein eigen, da die Ursachen in mir liegen und in mir wirken;
nichtsdestoweniger kann nie der Fall eintreten, dass zwei verschiedene Determinationen unter bestimmten Bedingungen
gleichwertig functioniren. Das Abwägen von Motiven ist kein
Grund gegen diese Auffassung. Gerade das Aussondern eines
Motives oder einer Motivgruppe aus einer Zahl differenter sich
aufdrängender Motive, das vorhergehende Schwanken zwischen
ihnen zeigt das Einwirken von psychologischen Ursachen auf
den Willen. Zuletzt wird aus dem Conflict derselben eine bestimmte siegreich hervorgehen und die Willensrichtung end-
gültig determiniren.

Nicht stichhaltig ferner ist es, wenn man in beschränktem
Umfange eine Beeinflussung durch Motive zugibt, ihnen neces-
sitirende Kraft aber abspricht.[2] Wird mein Wille constant
durch solche bestimmt, dann liegt ein Fall von Causalität vor;
wird behauptet, nicht die Motive determiniren, der Handelnde
bestimme sich selbst in Hinblick auf dieselben, so ist dies ein
Spiel mit Worten: denn wenn er regelmässig sich dahin

---

[1] Priestl. D. of. nec. p. 12/13; dazu Wundt, Psychol. II, 396.
[2] Wie Leibnitz z. B. beim Handeln zwar äussere Reize zulässt,
aber annimmt, sie wirkten blos „inclinants," aber nicht „nécessitants;"
Nouveaux essais II, ch. 21 § 8, opp. philos. ed. Erdmann p. 252.

determinirt nach Motiven zu handeln, so muss ein hin-
reichender Grund für das Einwirken der Motive auf ihn vorhanden sein.

Sect. III enthält theologische Argumente. Wenn der Wille
frei ist, dann ist Gottes Allwissenheit unmöglich; wäre Alles
dem reinen Zufall anheimgegeben, wäre das Geschehen ein
ursachloses, so könnte die Gottheit die Ereignisse in seiner
eigenen Schöpfung nicht vorausschen.

Sect. IV schliesst sich in seinen Erörterungen über die
Ursache des Wollens und das Wesen des Wissens auf's innigste
an Sect. II an. Es gilt in der Naturbetrachtung das wirt-
schaftliche Princip, die Erklärungsursachen der Phänomene
nicht unnötig zu vervielfachen. Unter demselben Gesichtspunct
müssen auch die menschlichen Handlungen betrachtet werden.
Zuerst wirft Priestley die Frage auf: Durch welches Gesetz werden sie determinirt, welches sind ihre Ursachen?
Es sind zwei, wie schon oben angedeutet, der Gemütszu-
stand und die äusseren Motive. Die Neigung zu der Ausführung irgend einer Thätigkeit wirkt im betreffenden Fall mit
derselben Sicherheit und Constanz, wie das Gravitationsgesetz
in den Erscheinungen des Falls. Beim Wahlact ist ein Analogon zu dem in der Mechanik geltenden Parallelogramm der
Kräfte gegeben: das zur Zeit stärkste Motiv ist die Resultante,
die Gesammtheit der wirkenden Motive sind die Componenten.
Wenn eine Wahl öfters vollzogen worden ist, so tritt, nach
dem Gesetz der associativen Uebung, die Entscheidung augenblicklich ein: aber auch hier liegt ein nur abgekürzter
psychischer Process vor.[1] Jede Wahl wird durch von der
gegebenen psychischen Disposition mit Beziehung auf die Objecte
der Wahl abhängige Motive determinirt, mag man sie Bei-
fall, Missfall, Billigung etc. nennen. Eine leicht sich voll-
ziehende Motivabwägung ist nur gradweise von einem länger
dauernden, schwierigen Conflict zu unterscheiden.

Nicht blos werden die Handlungen schlechthin durch die
Motive gelenkt; es hängt von diesen auch der Gefühlston ab,
der die Aeusserung jener begleitet.

Priestley erschliesst aus dem allgemeinen Motivationsgesetz
den interessanten Satz: „Die Energie des Handelns wächst

---

[1] Priestley, D. of nec. p. 28.

proportional der Intensität der Motive[1]; ein Satz, den
die moderne Psychophysik als Specialfall des Weberschen Gesetzes bezeichnen dürfte. Conträre Motive, wie Liebe und
Abneigung, können einander im Gleichgewicht halten; es wird
ein Indifferenzpunct erreicht werden; durch Verstärkung der
Motive steigt, durch Schwächung derselben sinkt die Energie;
ändert man die Motive, so ändert sich die Handlung; durch
Entfernung des Motivs kommen wir zu einem Nullpunkt der
Thätigkeit; tritt ein entgegengesetztes gleichwertiges Motiv in
den Process ein, so wird dies Handeln ebenso unmöglich, wie
die Bewegung eines Gliedes bei gleicher Wirksamkeit der
Antagonisten.

Die Motive haben einen realen Einfluss auf unseren Geist;
sie erregen Begehren oder Widerstreben. Diese Gemütsbewegungen beeinflussen unsere Willensentscheidungen. Wie
jede andere geistige Function einen bestimmten Operations-
modus hat, so auch der Wille. Das Urteilen wird durch die
wahrgenommene Uebereinstimmung oder Nichtübereinstimmung
der Vorstellungen bestimmt; der Wille ist nur eine Art des
Urteilens, das von dem wahrgenommenen Wert (preferableness)
der sich darstellenden Objecte abhängt. Urteilen und Wollen
unterscheiden sich nur darin, dass jenes auf Gedankengebilde,
dieses auf Handlungen sich bezieht.[2]

Wenn nun die Vorstellung des Begehrens das einzige
Willensmotiv ist, wie Price sagt — Gewiss, erwidert Priestley,
Begehren ist ein Wunsch, jeder Wunsch ist ein Wollen.

Ein empfindender Organismus steht als solcher allen Objecten so lange indifferent gegenüber, bis er durch Lust- und
Unlustempfindungen afficirt wird. Gewisse Objecte erscheinen
uns, weil sie beständig mit einem Lustgefühl verknüpft auftreten, angenehm. Auf diese Weise bilden sich unsere Leidenschaften, unsere Affecte. Tritt die Vorstellung eines solchen
Objectes vor die Seele, so steigt auch das Begehren in ihr auf,
sich desselben zu bemächtigen. Ist es in unmittelbarer Greif-
barkeit in ihr vorhanden, so tritt die Aneignung desselben
unmittelbar ein. Es existirt, abgesehen von den motorischen
Regungen, kein weiteres Intervall zwischen dem Verlangen

[1] Priestley, D. o. Nec. p. 30.
[2] Priestl. Neccss. p. 34.

und dem Genuss. Der durch die motorischen Regungen inter-
mittirende Process wird als Gefühl der sicheren Erwartung
wahrgenommen und durch dasselbe harmonisch ergänzt. Wird
dagegen die associirte Vorstellungsreihe unterbrochen, erheben
sich zwischen Wunsch und Befriedigung hemmende Momente,
so tritt Missbehagen, Unlust ein. Je inniger die Verknüpfung
ist, je seltner sie früher unterbrochen wurde, um so schmerz-
licher wird das Hinderniss empfunden; es ist dies der Zustand
der Enttäuschung und Verzweiflung. Indifferenz[1] ist dann zu
constatiren, wenn ein an und für sich wertvolles Object ausser
der Willenssphäre Jemandes liegt. Ist das erstrebte Object
manchmal erlangt, manchmal nicht erlangt worden, so besteht
ein mittlerer Zustand zwischen den äussersten Grenzen Hoffnung
und Furcht; während derselben werden wir uns des Wollens
oder Wünschens bewusst.

In Sect. V untersucht Priestley zuvörderst das Freiheitsbe-
wusstsein. Im entwickelten Bewusstsein entsteht ein Kampf
einer Mehrheit von Impulsen; weil endlich einer die Willens-
lenkung übernimmt, so entsteht mit der Action die Vorstellung, dass statt dieses Antriebes auch ein anderer den
Willen hätte leiten können, die Vorstellung des Freiheitsbe-
wusstseins.[2]

In Wirklichkeit sind wir uns aber nur bewusst, dass nichts
unsere Wahl oder unsere in Bewegung umgesetzte Willensäusse-
rung in ihrem Fortgang stört; aber stets ist ein zureichender
Grund für die geschaffene Wahl vorhanden, bei unbedeutenden
Vorfällen oder bei einer raschen Succession der Vorstellungen
wird dies leicht übersehen. Wenn wir über unser Thun oder
über das Anderer nachdenken, stets fragen wir nach den
Motiven.

Nähme Jemand, um die Willensfreiheit zu retten, zu der
Behauptung seine Zuflucht, er handele so oder so in Befolgung
seines blossen Wollens, so liegt hier ein ebenso bestimmtes Motiv vor, wie in allen anderen Fällen, trotz diesem „freien Spiel
der Willkür." Es ist diese „praktische Freiheit" ein leerer
Schein; das Individuum wird nicht mehr durch irgendwelche
Maximen und Regeln, sondern durch seine Laune bestimmt;

[1] Priestl. Necess. p. 39.
[2] Pr. Necess. p. 47/48; Wundt. Psych II, 393.

jedenfalls ist für das Wollen in irgend einem Moment eine ratio sufficiens gegeben. [1]

In Sect. VI wendet sich Priestley der Frage zu: „Ist Freiheit die conditio sine qua non der Sittlichkeit? Es ist gleichgültig, ob der Gegenstand der Wahl moralischer Natur ist oder nicht, das Resultat ist stets ein determinirtes. Wenn der Entschluss zu einer sittlichen That verwirklicht wird, so ist der sittlich Handelnde der Gegenstand meines Lobes. Die Verschiedenheit der Handlungsweise ist eine Consequenz der Verschiedenheit der Charaktere und deren Reaction auf dieselben Motive.[2] Wie ist nun bei einem determinirten Wollen Strafe und Belohnung möglich, wie ist die Verantwortlichkeit in dies Schema einzufügen?

Sect. VII giebt die Antwort.

Das liberum arbitrium indiffirentiae ist keine notwendige Voraussetzung sittlicher Thätigkeit; vielmehr steht es zu derselben im contradictorischen Gegensatz. Die Möglichkeit einer Erziehung auf ethischer Grundlage beruht auf der Voraussetzung der constanten Wirksamkeit vorgehaltener Motive. Die Kenntniss der Art der Willensrichtung, wie sie durch eine bestimmte innere Verursachung sich vollzieht, ist es, auf die alle Pädagogik sich stützt. Wären die Willensentscheidungen indeterminirt, wäre das Resultat der Willensgenese ein unberechenbares, ein ewig variables Element in einer unendlich grossen Zahl von möglichen Fällen ohne Bezug auf die beiden Constanten: charakterologische Anlage und äussere Motive, so wäre sittliche Zucht eine Unmöglichkeit.

Darin besteht das Wesen des Lohns und der Strafe, dass sie infolge gesetzmässig determinirter Handlungen eintreten. Die Verantwortlichkeit[3] gründet sich auf die durch Zurechnungsfähigkeit eingeschränkte Selbstthätigkeit des Individuums;

---

[1] Es sei hier noch bemerkt, dass A. Schopenhauer in seiner Schrift: „Ueber die Freiheit des menschlichen Willens" auf Priestley hingewiesen hat als Vorgänger (vergl. 2. ed. der Grundprobleme der Ethik, 1860, p. 77—80); er hat die Priestley'schen Ausführungen in seiner Arbeit verwertet, wie ein Vergleich beider Werke leicht zeigt. Vgl. zur Sache: Drobisch, die moralische Statistik und die menschliche Willensfreiheit, 1867, p. 63 ff.

[2] Pr. Necess. p. 73.

[3] Vgl. überhaupt E. v. Hartmann, Phänom. d. sittl. Bew. Abt. III, 4, 5, 6, 7; p. 346 ff.

es wird eine Selbstbeherrschung vorausgesetzt, die nichts anderes ist, als die Ueberwindung unsittlicher Regungen durch die activ-apperceptive Erzeugung von bestimmten Vorstellungsreihen ethischen Inhalts. Wird dagegen eine indeterminirte Willensentscheidung angenommen, so wird die Grundlage der Verantwortlichkeit offenbar zerstört; es giebt dann keine gesetzmässige, motivirte Bestimmung des Willens für sittliche Bewusstseinsziele. Nicht die Handlung als solche, sondern die ethische Anlage und die Qualität der Motive stempeln eine Handlung zu einer sittlichen. [1]

Die Scham, die Reue entspringen aus der Erkenntniss, dass unsere Selbstbeherrschung nicht die gesammte Summe der das Unsittliche neutralisirenden Motive aus der Tiefe der Seele heraufbeschworen hat. [2]

Die Sittlichkeit wurzelt im Charakter und in der Summe angesammelter Motive. Je niedriger die Verantwortlichkeitsgrenze ist, innerhalb derer die Selbstbeherrschung wirkt, je geringer der Schatz abstracter Motive ist, um so leichter wird ein Mensch auf sinnliche Regungen reagiren, um so grösser ist die Gefahr der unsittlichen Willensbethätigung. Eine Sinnesänderung ist das Product einer reichen Erfahrungsreihe[3].

In Sect. VIII verteidigt er, in engem Anschluss an das eben Erörterte die Theorie gegen den Einwurf, dass durch sie das Gefühl der Verantwortlichkeit im Menschen aufgehoben werde. Allerdings, sagt er, sind die Willensbethätigungen determinirt, aber ihre ethische Beschaffenheit ist des Menschen Werk; „the system of necessity makes every man the maker of his own fortune"[4]. Die Kenntniss der Folgen und die Möglichkeit der Willensdetermination durch gewisse Motive zur Erzielung bestimmter Resultate ist für jede normal entwickelte Individualität eine unleugbare Thatsache; und diese Thatsache ist der Centralpunct für den Kreis alles menschlichen Handelns, für die Beurteilung unser selbst und Anderer.

Sect. IX betont den versittlichenden Einfluss des Determinismus. Die Freiheit von der Controle Anderer, und die Be-

1 Priestley, Necess. p. 83.
2 Vgl. Drobisch a. a. O. p. 73.
3 Priestl. Nec. p. 113; vgl. Drobisch a. a. O. p. 70 ff.
4 Priestl Nec. p. 99.

stimmung unseres Willens durch autonome Motive verträgt sich
durchaus mit der Notwendigkeit, ist nur eine bestimmte Form
derselben. Die Anerkennung einer Verantwortlichkeitsgrenze
führt den Deterministen naturgemäss zur Milde in der Beurteilung des praktischen Verhaltens Anderer [1]; die Einsicht in
die Wechselwirkung zwischen der charakterologischen Basis
und ihrer Reaction auf Motive ist ein Alarmsignal für uns,
immer auf der Hut zu sein, und bewahrt uns vor einem schroffen
Richterspruch über das Thun der Nebenmenschen.

Sect, X, XI, XII bietet eine Parallele des Determinismus
und der calvinistischen Prädestinationslehre. —

Resumiren wir das Dargestellte:

1) Es giebt keine Spontaneïtät des Willens.
2) Das Wollen ist stets durch Motive bestimmt.
3) Die Quelle der Bestimmung ist die charakterologische
   Veranlagung, und die individuelle äussere Motivquote.
4) Die Thatsache der Wahl bleibt bestehen.
5) Die Fähigkeit zu überlegen ist die Basis der Selbstbeherrschung; auf ihr ruht die Verantwortlichkeit.

Das sittliche Handeln ist ein determinirtes. Welches ist
sein Ziel? Priestley hat auch für die Frage nach einem objectiven Moralprincip eine Lösung angestrebt. Das Wichtigste
findet sich in seinem: Essay on the first principles of government; and on the nature of political, civil, and religious
liberty, 1768. -

Hartley stand noch mitten in der individual-endämonistischen
Moral; die sittliche Weltanschauung seines Schülers bezeichnet
einen bedeutsamen und bedeutenden Fortschritt.

Priestley unternimmt es, die Moral und die Gesetzgebung
auf Ein grosses Princip zu gründen; in seinen Erörterungen
bilden deshalb Moral und Legalität nur die zwei Seiten eines
Ganzen.

Das leitende Princip nun, das er nicht oft genug wiederholen kann, ist das Wol und Glück der Mehrheit der Glieder
der Gesellschaft; die Formel hierfür ist: „the greatest sum
of happiness in the community, the greatest happiness

---

1 Priestl. Nec. p. 112.

of the greatest number"[1], „das grösstmögliche
Glück der grösstmöglichen Zahl."
Dieser Satz ist der Kern des social-eudämonistischen Moralprincips; in der That verficht Priestley dasselbe auf das
Eifrigste. Lust und Unlust sind die treibenden Mächte im
menschlichen Leben. Das Streben nach Glückseligkeit ist der
Grundzug jeder Individualität.[2] Dasselbe kann nur in der
staatlichen Vergesellschaftung befriedigt werden. Die Aufgabe
der legislativen Gewalten ist es das Maximum von Glückseligkeit für die Mehrzahl der den Staat bildenden Individuen zum
Zweck ihrer Thätigkeit zu machen. Begehrungen und Bestrebungen, die nicht im Einklang mit diesem Maximumpostulat
stehen, individual-atomistische Begierden sind null und nichtig;
der Einzelne hat sich als sociales Element, in seiner Beziehung
auf den gesellschaftlichen Organismus zu betrachten; Gerech-
tigkeit und Wahrhaftigkeit haben an und für sich keinen
Wert, sondern nur in Beziehung auf das Glück der Menschheit.[3]
Das ganze System von Recht und Macht, die gesammte Eigen-
tumsordnung muss unter diesem Gesichtspunkt geregelt werden;
der Begriff des Eigentums gründet sich allein auf die Bezug-
nahme auf das Allgemeine: „Nothing is properly a man's own,
but what general rules which „have for their object the good
of the whole give to him."[4]
Auf diese Weise gelangt Priestley zu den äussersten Consequenzen des Princips: es ist nämlich die Folge des Socialis-
aus dem Social-Endämonismus nicht von der Hand zu weisen,
und wenn auch hier dies noch nicht zum Bewusstsein gekom-
men ist, so sind doch die Schlüsse unter dem Zwange des Princips gezogen worden.[5] Es ist nur ein Beweis mehr für diese
Auffassung, dass Priestley ausdrücklich gegen gewisse socia-
listische Maassregeln in der Legislation (Massenerziehung) Ein-
spruch erhebt. Wie gewaltig muss also die Macht gewesen

[1] Priestley, First principles of Governm. p. 17, 59, 81, 82; Guyau,
La morale anglaise contemporaine, 1879; p. 4/5; Bentham Déonto-
logie (ed. Dumont) I, 22; F. Horny, die utilitarische Moralphilosophie
in England (Inaug.-Diss.), 1880, Leipzig; pag. 29, Anm. 2.
[2] Priestley, Letters to a philos. unbeliever p. 54/5.
[3] Priestl. F. P. of Gov. p. 18/9.
[4] Priestl. F. P. of Gov. p. 41.
[5] E. v. Hartmann, Ph. d. s. B. II. Abth. B. I p. 589.

sein, die trotzdem ihn zu den bereits angeführten Folgerungen
trieb!

Mit diesen und verwandten Gedanken verknüpft sich der der
unendlichen Vervollkommnungsfähigkeit des Menschen und der
Gesellschaft. [1] Es finden sich schon bei ihm die Elemente für
eine noch höhere Entwickelungsstufe des sittlichen Bewusstseins, Keime zur Bildung des evolutionistischen Moralprincips.
Dass er dadurch den Social-Endämonismus zerstört und
überwindet, hat er nicht erkannt; obwol er von der Cultur-
entwicklung sagt: The progress of knowledge is chiefly
among the thinking few." [2]
Der successive Untergang der Organismen ist die Bedin-
gung für die Maximisation der Glückseligkeit; die Individuen
einer Art gehen unter, die Species aber wird durch Anhäufung
der Erfahrungen der früheren Generationen eine immer mehr
entwickelte, ein Satz, den die moderne Wissenschaft aner-
kennen wird. [3]
Vergleicht man diese Theoreme Priestley's mit den Sätzen,
wie sie besonders bei Jeremy Bentham „dem Gründer des englischen Utilitarismus" [4] sich finden, so ergibt sich eine so über-
raschende Verwandtschaft des Grundgedankens, dass die Frage,
ob hier nicht ein geschichtlicher Zusammenhang vorliege, sich
unmittelbar aufdrängt.

Und in der That ist derselbe vorhanden, es findet sich bei Priestley in nuce der Bentham'sche
Utilismus.

Doch hervorgehoben worden ist diese Beziehung bisher
wol kaum. Die Formel des „grösstmöglichen Glücks der grösstmöglichen Zahl", [5] ist bekanntlich der bei Bentham beliebteste
Ausdruck für seine Richtung; diese Formel ist, wie aus der
posthum herausgegebenen Deontology (vgl. Guyau a. a. O. p. 5)
zu ersehen, einer Schrift Priestley's entnommen. Guyau

---

[1] Priestl. F. P. of Gov. p. 79; Letters to a ph. u. p. 59 ff.
[2] Priestl. F. P. of Gov. p. 147.
[3] Letters to a ph. unb. p. 68/9.
[4] Vgl. Horny a. a. O. p. 27.
[5] Vgl. S. 63 Anm. 1; Priestley F. P. o. G. p. 82: the greatest
sum of happiness in the community; J. Bentham, An introduction
to the principles of morals and legislation (vol. II der Edit. von 1823):
chap. XIII, § 1 p. 2: total happiness of the community, u. s. w.

und Horny haben die betreffende Bentham'sche Angabe einfach registrirt.

Sie haben m. E. übersehen, dass eine solche Formel nur das Resultat eines äusserst consequenten Denkprocesses, der kürzeste und schärfste Ausdruck einer fertigen Weltanschauung sein kann; sie sind nicht auf Priestley eingegangen.

Ein indirectes Argument für diese Auffassung bietet eine Stelle in von Hartmanns Phaenomenologie des sittlichen Bewusstseins, wo er über den Social-Endämonismus handelt:[1] „Das Postulat, ein Maximum von Glückseligkeit zu verbürgen, wird für den Gesetzgeber zum Postulat, das grösstmögliche Glück der grösstmöglichen Zahl zum Strebensziel zu machen, weil bei dem Gleichwerth der Menschen als unbenannter statistischer Einheiten das Maximum von Glückseligkeit nur durch Beförderung der Glückseligkeit der grösstmöglichen Zahl von Individuen erreicht werden kann. Diese Consequenz des social-endämonistischen Princips ist logisch so zwingend, dass auch Bentham sich ihr nicht entziehen konnte, und in seiner späteren Zeit dem Princip ausdrücklich diese Fassung gab."

Herr von Hartmann nimmt hier, aus der logischen Genesis des Princips heraus an, dass dieser Satz das Product einer allmählichen Entwickelung ist, und constatirt dies ausdrücklich für Bentham, da ihm das geschichtliche Factum, die Entlehnung aus Priestley offenbar nicht bekannt ist.

Was aber für Bentham, gilt auch für Priestley, der den Satz zuerst formulirt hat. Aber weder Guyau, noch Horny haben sich veranlasst gesehen, eine Quellenforschung anzustellen; Bentham ist nicht von dem Vorwurf freizusprechen, die gebührende Würdigung und Anerkennung Priestley's unterlassen zu haben.

Wie für Hartley gegenüber George Bentham, J. Bentham's Neffen, das Prioritätsrecht einer wissenschaftlichen Hypothese in Anspruch zu nehmen ist, so muss hier gleichfalls constatirt werden, dass Priestley, der Schüler, vor J. Bentham dem Oheim, den Social-Endämonismus auf gleicher Grundlage im Umriss dargestellt hat, eine Tatsache, die J. Bentham nicht unbekannt gewesen sein dürfte.

---

[1] Ph. d. s. B. p. 624.

Hartley hatte noch an der Zweiteilung zwischen Leib und
Seele festgehalten.[1] Dass er aber durch seine Theorie der
Hirnschwingungen ein Materialist war, lässt sich nicht ab-
leugnen ;[2] er hat nur nicht den entscheidenden Schritt gethan,
sich offen von dem für ihn unhaltbaren Dualismus loszusagen.
Das Verdienst, dies erlösende Wort gesprochen, den Associationismus consequent durchgeführt zu haben, eignet Priestley, wenn anders es ein Verdienst ist, die Gränzen und den
Umfang eines Systems zu bemessen und zu durchmessen.

Seine Stellung zum Materialismus hat er in den Disquisitions
relating to matter and spirit, und in der zugehörigen: free discussion on materialism hauptsächlich niedergelegt.

Seine Ansichten lassen sich kurz dahin zusammenfassen:
Die drei Grundeigenschaften der Materie sind Ausdehnung,
Anziehung, Abstossung. Zur Erklärung der Naturerscheinungen
dienen zwei Gesetze, das bereits S. 39 erwähnte ökonomische
Gesetz, und der Satz: Die gleichen Wirkungen sind auf gleiche
Ursachen zurückzuführen. Ist es möglich, aus der Materie
die Empfindung und das Denken abzuleiten?[3]

Priestley bejaht diese Frage. Die psychischen Functionen
sagt er, finden sich nur in einem organisirten stofflichen System;
sie hängen von demselben ab. Die Grundbedingung für sie
ist das Nervensystem, vor Allem das Gehirn. Das Denken und
bestimmte Hirnprocesse sind stets miteinander verknüpft und
entsprechen einander. Hinverletzungen alteriren die Denkfähig-
keit; sie verschwindet mit Entfernung des Gehirns. Das
Denken entwickelt sich in auf- und absteigender Linie mit dem
körperlichen Wachstum. Der Geist wird durch körperliche
Regungen afficirt und umgekehrt: es besteht eine Wechselwirkung zwischen physiologischen und psychischen Reizen.
Ein und dasselbe Ding ist diesen Affectionen unterworfen.
Sensation und Denken sind das notwendige Resultat einer
besonderen Organisation.[4]

Die Vorstellungen sind, entweder direct oder mittelbar aus
sinnlichen Wahrnehmungen hervorgegangen. Die mentalen
Vorgänge sprechen gegen die Auffassung der Seele als einfacher

[1] H. P. p. 345.
[2] Vgl. Lange a. a. O. Buch I p. 296.
[3] Priestl. Disquisitions etc. p. 25.
[4] Priestl. Disqu. p. 28; Free discussion etc. p. 49 ff.

immaterieller Substanz. Empfindungen oder Vorstellungen sind
offenbar in der Seele; dieselben sind durch äussere Objecte
erzeugt, müssen ihnen deshalb correspondiren; da viele teilbar
sind, so müssen auch die Vorstellungen von ihnen teilbar sein.
Ein solches Ding kann aber nicht in einer unteilbaren Substanz sein.

Die Verknüpfung von Leib und Seele betreffend, äussert
er sich folgendermassen: Sind Leib und Seele wirklich dis-
parat, so wird eine Einwirkung derselben aufeinander unmöglich. Man muss die Uniformität beider annehmen. Die
physiologische Arbeit und der phychische Kraftverbrauch entsprechen sich. Die Annahme einer verfeinerten Materie als eines
Mediums zwischen Leib und Seele verschiebt die Frage, löst
sie aber nicht; die Schwierigkeiten bleiben dieselben, wenn
dem Medium nur irgend eine stoffliche Qualität anhaftet. Die
Einheit des Bewusstseins ist die Wahrnehmung der Einheit
meines Seyns, ich bin ein empfindender und denkender Organismus.

Es ist eine interessante Thatsache, dass Priestley ein entschiedener Anhänger der teleologisch-göttlichen Weltordnung
ist; er bekämpft den Atheismus des Systéme de la nature,[1]
und die Skepsis eines Hume; man kann sich der Ueberzeugung
nicht verschliessen, dass es der enthusiastischen Natur eines
Priestley sehr ernst mit seinem Gottesglauben war.[2]

Wir haben, ohne Berücksichtigung der chronologischen
Folge, eine Darstellung der Priestley'schen Grundgedanken zu
geben, und so die positiven Leistungen zu einem Gesammtbilde
zusammenzufassen versucht.

Seine eigentliche philosophische Laufbahn begann jedoch
mit einer Antikritik, einer Streitschrift gegen die schottische
Schule, Reid, Beattie, Oswald, der Examination cf. Dr. Reid's
Inquiry into the human mind etc.

Dies Werk ist wol geeignet ein Bild von damaligen Stande
der philosophischen Entwickelung zu geben. Priestley war,

---

[1] Priestley, Letters to a ph. u. p. 143 ff.; Hume's Kritik p. 105
bis 134 ebdslbst. Vgl. Lange a. a. O. Buch I p. 297.
[2] Ob auch Hobbes, wie Pr. free discussion etc. p. XXV annimmt.
wirklich „a sincere christian" gewesen ist, dürfte für den Autor des
Leviathan doch wol zu bezweifeln sein. Vgl. auch Lange a. a. O,
Buch I p. 249.

4

hauptsächlich in Folge verschiedenartiger Auffassung religions-
philosophischer Fragen, ein entschiedener Gegner Hume's.
Trotzdem ist die „Examination" eine Polemik gegen diejenige
Philosophie, die man als Reaction des common sense gegen den
Skepticismus Hume's bezeichnen könnte. Dies Verhalten Priestley's geht folgerichtig hervor aus
seiner Stellung zu Locke und Hartley; auch diese als Vertreter
der empiristischen Richtung waren durch die schottische Schule
bedroht, es galt also gegen dieselbe vorzugehen. Die Consequenzen Hume's erkennt er nicht an; sein philosophisches
Glaubensbekenntniss ist eine stricte Anerkennung der Locke-
Hartley'schen Lehren.

Die Fundamente der Erkenntniss waren durch Hume er-
schüttert worden; die ätzende Schärfe seiner Kritik hatte die
Sätze der alten Dogmatik zersetzt. Der menschliche Geist,
der die Folgerungen Hume's ausdachte, stand auf schwankem
Grunde, nichts war ihm mehr sicher, als der Zweifel.

Die schottische Schule nun war als unmittelbarer Gegensatz zum Empirismus, als eine notwendige antithetische Ent-
wickelungsform desselben entstanden.

Wenn nun Priestley, ein Gegner Hume's, die Kritik
dieser Richtung übernimmt, so liegt die Vermutung nicht fern,
dass das Ergebniss seiner Untersuchungen ein ziemlich objec-
tives ist.

Die Arbeit wird durch eine Reihe allgemeiner Bemerkungen
über das Wesen der Urteile, Inductionsschlüsse u. s. w. ein-
geleitet, die einen Syllabus der früher von uns bei Hartley
erörterten Ansichten bilden. Es schliesst sich eine kurze
Uebersicht der Locke'schen Erkenntnisstheorie an, zu der
Hartley, wie Priestley sich bekennen (p. XXXIX-LXI).
Der erste Teil der Kritik beschäftigt sich mit Reid's Inquiry
into the principles of the human mind etc. unter Zugrundelegung
der dritten Ausgabe von 1769. Wir können nach Analyse
dieses Abschnitts auf die Capitel über Beattie und Oswald
verzichten, da dieselben blos Détailuntersuchungen bieten, uns
aber vorzüglich die Grundzüge der Schrift interessiren.

Die Einleitung definirt als die Aufgabe der Philosophie
die Classification der Naturerscheinungen. Unter nochmaliger
Anerkennung der Locke'schen Lehre als des Ecksteins ratio-
neller Erkenntniss weist Priestley auf die seines Erachtens

von Locke allzuvoreilig geschehene Annahme einer zweiten
Vorstellungsquelle neben den äusseren Sinnen hin.

Seine Aufgabe gliedert sich in drei Teile:

1) Eine Uebersicht der instinctiven Principen Reid's zu
geben, auf die als Elemente des gesunden Menschen-
verstandes derselbe alle Erkenntniss gründet,

2) eine Kritik der Reid'schen Locke-Kritik,

3) Kritik der von Reid für seine Hypothese gegebene
Begründung.

In Sect. I erhalten wir unter Angabe der Belegstellen eine
Tafel der zwölf Principien Reid's.

1. $\left\{\begin{array}{l}\text{Eine gegenwärtige Empfindung}\\ \text{Gedächtniss}\\ \text{Phantasie}\end{array}\right.$ liefert $\left\{\begin{array}{l}\text{den Glauben an die gegen-}\\ \text{wärtige Existenz v. Objecten.}\\ \text{den Glauben an eine ver-}\\ \text{gangene Existenz.}\\ \text{überhaupt keinen Glauben.}\end{array}\right.$

2. Geistige Affectionen $\Big\}$ liefern $\Big\{$ die Vorstellung von, und den Glauben an unsere eigene Existenz.

3. Geruchs- Geschmacks- und $\Big\}$ liefern $\Big\{$ ihre specifischen entsprechen-
bestimmte Gesichtsreize den Empfindungen.

4. Eine harte Substanz $\Big\}$ liefert $\Big\{$ die Empfindung der Härte und den
Glauben daran.

5. Eine ausgedehnte Substanz $\Big\}$ liefert $\Big\{$ die Vorstellung von Ausdehnung und Raum.

6. Alle primären Eigenschaften $\Big\}$ liefern $\Big\{$ ihre besonderen Em-
der Körper pfindungen.

Ein bewegter Körper liefert die Vorstellung der Bewegung.

Bestimmte Formen der Züge, $\Big\}$ liefern $\Big\{$ die Vorstellung und den Glauben
der sprachlichen Articulation, an bestimmte Gedanken, Ab-
der Ausdrucksbewegungen sichten und Gemütszustände.

7. Umgekehrte Bilder auf $\Big\}$ liefern $\Big\{$ eine richtige Gesichtsvorstellung.
der Retina

8. Bilder auf den entsprechenden
   Teilen beider Augen } liefern { ein einziges Bild.

9. Schmerzen in irgend
   einem Körperteil } liefern { die localisirte Schmerzempfindung.

10. Die Parallelbewegung der Augen ist für das genaue Sehen notwendig.

11. Die Wahrhaftigkeit, das Vertrauen
12. Die inductive Schlussfunction } sind instinctive Principien.

Section II (p. 25—28) beschäftigt sich mit Reid's Locke-Kritik.
Reid's irrtümliche Auffassung Locke's entspringt aus sechs falschen Annahmen.

1) Weil Reid keine Gleichheit zwischen Objecten und Vorstellungen wahrnehmen kann, meint er, das Eine könne nicht durch das Andere producirt werden.

2) Weil er keine notwendige Verknüpfung zwischen Empfindungen und den Objecten derselben findet, und ein absolut sicherer Nachweis der Realität der Aussenwelt deshalb sich durch die Locke'sche Theorie der Vorstellungen nicht geben lässt, nimmt er seine Zuflucht zu willkürlich gewählten „Instincten."

3) Reid nimmt es als ausgemacht an, dass unsere Vorstellungen blos dann existiren, wenn wir ihrer bewusst sind.

4) Er confundirt die Empfindung mit Empfindungsvorstellungen.

5) Er schliesst aus unserer Unkenntniss des Mechanismus, durch den eine Bewegung oder eine verknüpfte Reihe von Bewegungen ausgeführt wird, dass diese Bewegungen durch instinctive Principien erfolgen, nicht aber durch Erfahrung und Ideenassociation erworben sind.

6) Aus der unbegründeten Annahme, dass gewisse Determinationen oder Emotionen vor dem Bewusstsein seien, schliesst er, dass sie instinctiv sind.

Sect. III, p. 28—37 behandelt Punct 1 von Sect. II.
Reid begründet seine Auffassung durch den Hinweis darauf,

dass die Eigenschaften der Körper, wie Farben, Ausdehnung
u. s. w. kein Bild der Körper enthalten.

Dagegen wendet Priestley ein: Die Bezeichnung der Vorstellungen als Bilder der Aussendinge ist eine nur figürliche; es
soll damit nicht gesagt werden, dass die wirklichen Formen
derselben im Gehirn sich abzeichnen, sondern dass gewisse
Reize durch das Medium der Sinnesnerven u. s. w. in dasselbe
eingehen, und dass zwischen diesen Reizen und den Empfindungen eine reale und notwendige Verbindung besteht.

Reid's Zweifel an der Bedeutung des Nervensystems und
besonders seiner Centralteile für das psychische Leben stehen
im offenbaren Widerspruch mit den Thatsachen der Physiologie.

Sect. IV, p. 37—41, behandelt er die Reid'sche Kritik der
Einteilung in ideas of sensation, und ideas of reflection. Reid
hatte dieselbe unlogisch genannt, weil das zweite Glied das
erste in sich befasse, weil wir uns klare Begriffe von unseren
Empfindungen in der Reflexion bilden können „the ideas of
sensation are ideas of reflection" sagt er.[1]

Dies ist, erwidert Priestley, eine Verwechslung der Anschauungsvorstellungen (ideas of sensation) mit dem Begriff
der Anschauung (idea of sensation). Das Wissen von etwas
ist mit dem Seyn confundirt. Die Tiere, denen die Reflexion
abgeht, und der naive Mensch würden, was gegen die Erfahrung ist, demnach keine Anschauungsvorstellungen haben.
Nebenbei ist Reid selbst nicht consequent, da er dennoch in
gewissen Fällen einfache Vorstellungen der Reflexion voraus-
gehen lässt [2]

Nach Reid sind die Empfindung und der Glaube an das
Dasein äusserer Objecte untrennbar verbunden; er ist deshalb
genötigt, gegen Berkeley zu polemisiren.

Priestley geht in Sect. V, p. 41—56, darauf näher ein.

Gegen das erste instinctive Princip (vgl. S. 51) ist einzu-
wenden:

a) Die subjective Gewissheit ist nicht identisch mit der
Wahrheit. Zahlreiche Dinge, an die wir fest glauben, enthüllen

---

[1] Priestley, Exam. p. 37/8.
[2] Priestl., Exam. p. 39—41.

sich als Vorurteile, obwol der grundlose Glaube an sie so eng mit der Vorstellung bestimmter Gründe verknüpft ist.

b. Es genügt ein, wirklich vorhandener, Grad von Wahrscheinlichkeit für die Annahme der Realität der Aussenwelt; deshalb ist die unmotivirte Hypothese eines „instinctive principle" überflüssig.

c. Reid muss eine Organisation annehmen, vermöge derer wir glauben müssen, was auch nicht wahr sein könnte; denn wir können, sagt er, nicht beweisen, dass unsere Empfindungen nicht ebenso, wie sie sind ohne Körper und Körperqualitäten hätten sein können.

d. Eine Erklärung der Phänomene des Traumes, der Sinnesdelirien gibt Reid nicht auf Grund seiner Hypothese. Im Traume ist, bemerkt Priestley, gleichfalls die Empfindung und der Glaube an die Realität des Objects eng verbunden. Wenn hier eine Täuschung vorliegt, warum wäre dies nicht auch in anderen Fällen möglich?

Und die Gründe, mit denen Reid seine Ansicht stützt?

Er weist auf die gefährlichen Consequenzen der Berkeley'schen Theorie hin; der Idealist müsse an der unerbittlichen Realität der Aussenwelt scheitern.

Aber Berkeley hat aus seinem System Ideen und Empfindungen nicht ausgeschlossen, sondern ihnen bloss einen anderen Ursprung vindicirt; alle Lebensregeln u. s. w. gelten auch für den extremsten Berkeleyaner.

Ferner beruft sich Reid darauf, dass ihn der Glaube an die Aussenwelt bisher noch nicht getäuscht habe, ein Argument gleich dem vorhergehenden.

Reid hat (Sect. VI, p. 56—65) Locke zum Vorwurf gemacht, dass dessen System dem Berkeley'schen günstig sei, während Priestley nachzuweisen sucht, dass gerade Reid dem Bischof von Cloyne in die Hände arbeite.

Locke hat, erläutert Priestley, nie die Vorstellungen anders denn als unmittelbare Objecte unseres Denkens aufgefasst, von denen wir auf die reale Existenz anderer Dinge als Ursache derselben schliessen. Reid hat dagegen in seiner Begriffsbestimmung von Geist, Vorstellungen, Aussendingen diese drei Gruppen in unvereinbaren Gegensatz zu einander gebracht. Denn wenn er annimmt, dass unser Geist eine unausgedehnte Substanz, ein constantes Subject unseres Denkens ist, so kann man mit demselben Rechte schliessen, dass er durch kein ausgedehntes afficirt werden kann; denn kein Ding kann auf ein anderes wirken, das nichts Gemeinsames mit ihm hat. So wird er dazu genötigt, die Möglichkeit einer Hypothese, wie der Berkeley'schen, zuzugestehen, vor allem da nach ihm bloss ein unberechenbarer Glaube für das Dasein der Aussenwelt spricht.

Ferner hat Reid eine Reihe von Fällen der Ideenassociation übersehen. Ein Grundfehler bei ihm ist die Vewechslung der Kenntniss einer Thätigkeit mit der Ausübung derselben. Bei der Parallelbewegung der Augen, meint er, wirken nicht stofflich verknüpfte Muskelgruppen bei Kindern, wie bei Erwachsenen im Einklang. Hier liegt, sagt Priestley, eine einfache Association vor; eine Bewegung führt mechanisch eine andere, associirte herbei. Die associativie Uebung ist die wirkende Kraft.

Dass wir den Worten eines Anderen Glauben schenken, soll nach Reid Wirkung eines Instincts sein; wäre es die der Erfahrung, so müsste die „credulity" mit ihr wachsen, während das Umgekehrte der Fall ist. Das Kind, wird ihm erwidert, hört nur Wahres in der ersten Zeit, und kann deshalb auch nichts Anderes erwarten. Das Falsche ist eine neue Thatsache, deren Kenntniss zunimmt proportional der Erfahrung. Aehnlich verhält es sich mit der Induction. Reid glaubt, die betr. Processe seien instinctiv, weil man Zukünftiges nicht wissen könne, Kinder von Anfang an den Glauben an die Continuität des Naturlaufs hätten. Aber, sagt Priestley, alles Vergangene war einmal ein Zukünftiges; die Constanz der Erscheinungen ist die Basis für die Induction. —

Der Skepticismus, den Reid bekämpfen will, wird durch ihn gefördert. Er macht die Wahrheit zu etwas Subjectivem, setzt an Stelle wissenschaftlicher Methoden eine Reihe unbewiesener Sätze, denen er die Gültigkeit von Axiomen unrechtmässig vindicirt und untergräbt so das vernunftgemässe Erkennen.

Wir wollen Priestley nicht auf seinen kritischen Gängen gegen Beattie und Oswald begleiten.

Wir stehen damit am Ende unseres geschichtlichen Versuches. Wir haben gefunden, dass Hartley den Associationismus systematisch begründet, und dass Priestley die neue Lehre consequent durchgeführt und angewandt hat. Beide sind zu bedeutsamen Resultaten gelangt; sie haben die Fundamente geliefert, auf dem die Neueren fortbauen konnten; und heute noch bieten ihre Schriften, ausser dem rein geschichtlichen Interesse, eine reiche Fülle von Anregungen zu weiteren Studien auf diesem Felde des Wissens.

VITA.

Bruno Schoenlank natus sum Mulhusae, in oppido ixoborussico sexto decimo die mensis Maii a. 1859 patre Mautio, matre Paulina e gente Brauniana. A. 1861 parentes Sonershusam se contulerunt. Novem annos natus, postquam litrarum elementis imbutus sum, gymnasium Sondershusianum iod floret directore Kieser, frequentavi. Vere a. 1878 maturitatis stimonio instructus Berolinam me contuli, ut philologiae stuis initiarer. Qua in universitate litteraria praeceptoribus usus · Zeller, Vahlen, v. Treitschke, Lazarus, Lasson, Kirchhoff, ibach, Steinthal, Schmidt, B. Erdmann, Wagner. Post tria estria Lipsiam profectus ibique numero civium academicorum criptus sum. Duo per semestria me docuerunt Ribbeck, inge, Hirzel, Curtius, Lipsius.

Hieme a. 1880 inter cives universitatis litterariae Kiliensis ilsatorum receptus B. Erdmann et Blass audivi.

Berolinam vere 1881 reversus lectionibus quas Wagner Boeckh habuerunt, interfui.

Vere a. 1882 Halas Saxonum me contuli, ubi Rectore gnifico Riehm inter cives academicos acceptus, interfui ionibus Erdmanni, Haymii, Krohnii, et exercitationibus osophicis quas Thiele instituit.

Omnibus viris praeclarissimis qui me ad studia excitaverunt :e in iis adiuverunt gratias et nunc ago et semper habebo imas.

THESEN.

I.

John Stuart Mill hat die Frage: „Ob Glückseligkeit (als Maximum von Lust minus Unlust) würdig sei, den höchsten Lebenszweck zu bilden", bejahend beantwortet; seine Lösung ist eine ungenügende.

II.

Das social-eudämonistische Moralprincip ist nur dann ein rein ethisches, wenn sein Strebensziel das Wohl Aller mit Ausschluss des eigenen ist.

III.

Der Krieg ist ein förderliches Moment der Culturentwickelung.